CÉLESTE GUSTIN

mes Rituels magiques de bien-être

mercileslivres

Avant-propos

Depuis toujours, les rituels sont au cœur des traditions des peuples du monde entier, à travers les millénaires. Les peuples-racines ont toujours gardé leurs rites de passage célébrant les différentes étapes d'une vie. Les sociétés chamaniques ont toujours eu leurs chamanes célébrant des rituels et cérémonies pour se connecter aux ancêtres et aux esprits guides afin de trouver des réponses, des solutions ou la guérison.

Dans nos civilisations occidentales, nous avions oublié leurs intérêts et nous ne pratiquions presque plus de rituels et rites de passage, du moins pas de manière aussi poussée. À l'heure actuelle, la pratique des rituels recommence. Cela s'explique par l'intérêt grandissant pour la spiritualité, la reconnexion à la nature et le bien-être.

Actuellement, il y a un regain d'intérêt pour les cercles de femmes autour de thématiques différentes, les tentes rouges, les cercles de guérison, les soirées de médecine chamanique, les cérémonies druidiques, les *blessing ways* (célébration de la grossesse et de la naissance d'inspiration Navajo), parmi d'autres, qui montrent le besoin actuel pour les rituels et cérémonies.

Qu'est-ce qu'un rituel ? Il s'agit d'un moment privilégié, solennel et sacralisé, que l'on s'offre, où l'on prend du temps pour penser à soi et se faire du bien. C'est aussi un temps de connexion aux autres ou à notre Terre-Mère. On y consacrera le temps que l'on estime nécessaire : cela peut être assez rapide, comme plus long si besoin.

Ces rituels peuvent être très variés : méditation, danse, bain, décoration de son logement en fonction de la saison, réalisation d'une œuvre d'art ou d'un objet d'artisanat, jardinage, immersion dans la Nature, cuisine, diffusion d'huiles essentielles, etc.

Le but est de pouvoir mieux vous connecter à vous-même et au cosmos, afin que vous tendiez au meilleur alignement avec votre spiritualité et votre mission de vie, dans l'incarnation de votre vie actuelle.

Sommaire

Plantes sacrées et RITUELS DE MAGIE VERTE
8

FLEURS ET PLANTES DE NOS JARDINS

L'achillée millefeuille 11
L'angélique 14
L'armoise 16
Le basilic 18
Le calendula 20
La camomille 22
La lavande 24
Le laurier noble 26
La menthe poivrée 27
Le millepertuis 28
L'origan 29
L'ortie 30
La pâquerette 32
Le persil 34
Le romarin 36
La rose 38
La sauge officinale 40

AGRUMES ET ÉPICES

La cannelle 42
L'orange 43
Le citron 44
Le gingembre 45

TRÉSORS DE NOS FORÊTS

La fougère 46
Le genévrier 48
Le noisetier 49

DEPUIS LES CONTRÉES LOINTAINES

L'eucalyptus 50
Le jasmin 52

PLANTES SACRÉES AMÉRINDIENNES

La sauge blanche 54
Le foin d'odeur 56
Le palo santo 58
Le cèdre (thuya) 60
La yerba santa 61

LES ENCENS

L'encens oliban 62
La résine de myrrhe 64
La résine de benjoin 65
La résine de copal 66
Le bois de santal 68
Le cèdre de l'atlas 69

L'énergie vibratoire des PIERRES ET CRISTAUX
70

CHOISIR ET UTILISER SES PIERRES 72

PURIFIER ET RECHARGER SES PIERRES 74

Le nettoyage énergétique (purification)

Par fumigation 75
Par l'eau 75
Par enfouissement 75

Le rechargement énergétique
À la lumière lunaire 77
À la lumière solaire 77
Dans une géode ou sur un amas cristallin 77

Purifier et recharger vos pierres simultanément
Le bol chantant tibétain 79
La géométrie sacrée 79

LES CRISTAUX ET LA GÉOMÉTRIE SACRÉE **80**
Les pentacles et pentagrammes 81
Les cercles de cristaux 82
La grille de cristaux ou grille de soin 83

LES RITUELS AVEC LA GRILLE DE CRISTAUX **84**
Méditer en pleine conscience 84
Matérialiser vos intentions 84
Purifier et élever les vibrations 84

HARMONISER LES CHAKRAS PAR LES PIERRES **84**
Mise en place des pierres 85
Méditation d'harmonisation 85

LES PIERRES
Le cristal de roche 86
La sélénite 87
La pierre de lune 88
La citrine 89
La cornaline 90
La calcite orange 91
L'opale de feu 91
Le jaspe rouge 92
L'œil-de-tigre 93
Le quartz rose 94
L'améthyste 95
La fluorite 96
Le lapis-lazuli 97
L'azurite 98
L'angélite 99
La calcite bleue 100
La labradorite 101
La malachite 102
La serpentine 103
L'obsidienne noire 104
L'hématite 105
La pyrite 106

Bienfaits et vertus des
BAINS MAGIQUES
108

LES SELS 110

LES BAINS
Bain de protection 112
Bain du désir 113
Bain nettoyant 114
Bain de régénération 115
Bain de prospérité 116
Bain pour l'amour de soi 116
Bain pour rêver 118
Bain d'élévation spirituelle 119
Bain de la mer 120
Bain de la forêt 121
Bain rituel de purification d'inspiration japonaise 122

Renouer avec la puissance de sa
FÉMINITÉ SACRÉE
124

Bâtons de fumigation de Féminité sacrée 126
Huile harmonisante du Féminin sacré 128
Célébration de Féminité sacrée 129
Célébration de la générosité de Gaïa 130
Eau de parfum sacrée 132
Onguent fleuri pour inviter la réussite dans sa vie 132
Couronne de Midsommar 133
Bougie d'équilibrage yin et yang 134

Équilibrer ses chakras par les
RITUELS PSYCHOÉNERGÉTIQUES
136

Chakra racine

AMENER LE CALME DU MENTAL
Sachets d'ancrage et de sérénité 138

S'ENRACINER ET S'HARMONISER
Huile d'enracinement au cèdre de l'Atlas 139

Chakra sacré

FAVORISER LA SEXUALITÉ SACRÉE
Huile lunarisée tonifiante et harmonisante 140
Huile lunarisée du Masculin sacré 140

HARMONISER SON FÉMININ SACRÉ
Huile rayonnante de présence féminine 141

Chakra du plexus solaire

FAIRE TAIRE LES PENSÉES OBSESSIONNELLES
Huile « soleil intérieur » 142

RAMENER LE FLUX VITAL
Huile d'énergisation de l'aura « tigritude du tigre » 143

Chakra du coeur

S'OUVRIR À L'ÉNERGIE DE L'AMOUR
Lait corporel d'Amour envoûtant 144

FAIRE PÉTILLER SON CŒUR
Gel douche « joie d'enfant » 145

Chakra de la gorge

DIRE SA VÉRITÉ, LIBÉRER SA PAROLE, EXPRIMER SON MOI INTÉRIEUR
Brume émotionnelle laurier noble et fluorite 146

RETROUVER INSPIRATION ET CRÉATIVITÉ
Stick « inspiration » 147

Chakra du 3e œil

PERCEVOIR LES MESSAGES DU PLAN ANGÉLIQUE
Huile « contact avec les Anges » 148

OUVRIR SES PERCEPTIONS EXTRASENSORIELLES
Infusion « clairvoyance » 149

Chakra couronne

FAVORISER L'ÉTAT MÉDITATIF
Brume aromatique « plénitude méditative » 150

SE CONNECTER AU GRAND-TOUT
Olfactothérapie pour se fondre dans l'Énergie universelle 151

Retrouver l'harmonie intérieure ÉMOTIONNELLE ET SPIRITUELLE
152

CHASSER LES ÉNERGIES DÉRANGEANTES
Fumigation synergique ultrapuissante 154

SE SOUVENIR DE SES RÊVES, FAIRE DES RÊVES PRÉMONITOIRES OU LUCIDES
Brume aromatique d'oreiller et cristaux 156
Bougie « grand amour » 157

RETROUVER CONFIANCE EN SOI ET COURAGE
Pot-pourri et sachet-médecine « force intérieure » 158

OUVRIR SON 3e ŒIL ET AMÉLIORER SON INTUITION
Fumigation d'armoise et sauge officinale, huile sacrée de l'Himalaya 160

SE CONNECTER AUX ÉNERGIES DRUIDIQUES
Élixir pétillant aux fleurs de Brocéliande 162

COUPER LES LIENS
Spell jar de séparation 164

BANNIR LES PEURS ET L'ANXIÉTÉ
Spell jar « chasse-diable » 165

PRÉPARER DES BREUVAGES VERTUEUX
Philtre d'amour à la rose et à la framboise 166
Infusion druidique aux épices et fruits séchés 167
Vin médicinal « chasse-diable » au millepertuis 167

PURIFIER LES PERSONNES, LES OBJETS ET LES LIEUX
Fumigation de nettoyage par les quatre Directions Sacrées 168

CONSACRER SES OUTILS RITUELS
Purification et consécration cérémonielle 172

SE CONNECTER AUX ESPRITS DE LA NATURE
Rituel champêtre au tambour chamanique 174

TRAVAILLER LES NŒUDS TRANSGÉNÉRATIONNELS
Bougie de travail avec les Femmes de sa lignée 176

ÉLEVER SON ÉNERGIE VIBRATOIRE
Sonothérapie des chakras au bol tibétain 178

SE CONNECTER AU MONDE ANGÉLIQUE
Rituel de lumière à l'angélique et à l'angélite 180

Index des rituels par ordre alphabétique 182

Plantes sacrées et

RITUELS DE MAGIE VERTE

UN SACHET-MÉDECINE ou sac de sorcière (ou encore sac de sort) est un petit sac en tissu utilisé pour pratiquer les sorts. Chaque sac est réalisé dans un but bien précis, en fonction de son contenu (plantes, cristaux, sels...), et « synergisé » en fonction de l'intention que l'on y met. Chaque élément est choisi selon ses propriétés spécifiques en fonction du but souhaité et de la personne à laquelle le sachet est destiné.

Choisissez un petit sachet en tissu (lin, coton, organza, soie...) dont la couleur correspondra à l'usage que vous voulez en faire (amour, attraction, protection...).

Confectionnez-le en exprimant, à voix haute ou en pensée, votre conviction profonde, par exemple : « *Je confectionne ce sachet-médecine pour me protéger des personnes aux énergies néfastes et des vampires énergétiques.* » ou « *Je suis pleine de gratitude pour ce sachet-médecine qui va m'aider à attirer à moi l'amour véritable et durable.* »

Gardez ce sachet-médecine sur vous ou près de vous aussi longtemps que nécessaire, c'est-à-dire jusqu'à ce que vous ressentiez que le but est atteint.

FAIRE SÉCHER VOS HERBES ET FLEURS

Les herbes

Récoltez-les sous forme de brins au stade fleuri (lavande, basilic...) ou non (basilic, laurier...). Assemblez-les en bouquets que vous suspendrez tête en bas dans un endroit ventilé, pas trop chaud (maximum 35 °C) et à l'abri du soleil.

Les fleurs

Cueillez-les quand elles sont pleinement épanouies. Déposez-les en une couche sur une claie et faites-les sécher dans un endroit ventilé, pas trop chaud (maximum 35 °C) et à l'abri du soleil.

Lors de vos cueillettes, choisissez des lieux exempts de pesticides et de pollution. Une fois bien sèches, conservez vos herbes, feuilles et fleurs dans des sachets de papier kraft.

UN BAIN DE PROTECTION est un bain rituel que l'on met en place pour apporter la protection sur soi sur tous les plans (voir *Bain de protection*, page 112).

UNE INFUSION SACRÉE est une infusion qui sert à effectuer un rituel ; son but n'est pas d'avoir un effet sur le plan physique, mais d'agir sur les plans énergétiques subtils.

UNE POUPÉE DE GUÉRISON (habituellement en tissu) se crée pour une personne qui a besoin de guérison et que l'on souhaite aider. La poupée représente cette personne déjà guérie et en parfaite santé.

Pendant sa confection, visualisez la personne rayonnante de bonne santé, le corps traversé de vibrations élevées et légères. Avec une intention de guérison, soufflez de l'énergie sur les parties de la poupée correspondant aux zones du corps qui le nécessitent le plus chez la personne à soigner.

UN CHARBON ARDENT est un charbon spécifique habituellement destiné aux encens, qui s'allume vite et produit très peu de fumée. Le charbon, noir au départ, est gris quand il est prêt à être utilisé.

l'achillée millefeuille

PROPRIÉTÉS

Courage * Amour
Divination * Libération
Guérison * Protection

Formes d'utilisation

Parties aériennes fraîches ou sèches, et huile essentielle.

Correspondances magiques

Élément : Eau
Vénus
Signes du Zodiaque : Cancer, Bélier, Lion, Capricorne
Association minérale : pierre de lune

RITUEL

Eau de purification et de guérison

Le jour du solstice d'été, préparez un bol avec de l'eau de source. Cueillez un brin fleuri d'achillée millefeuille dans votre environnement proche. Ensuite, plongez-le dans le bol d'eau de source et aspergez-vous avec, afin de vous purifier. Visualisez la magie libératrice et guérisseuse de l'achillée millefeuille vous aider à vous débarrasser de l'ancien et du pesant.

VOS RITUELS DE MAGIE VERTE

Oreiller divinatoire

Afin d'induire plus de rêves divinatoires dans votre sommeil, glissez quelques branches d'achillée millefeuille entre votre oreiller et la taie (tournez-le ensuite du côté du matelas pour plus de confort). En posant la tête dessus avant de vous endormir, dites-vous : « *Je vawis faire des rêves prémonitoires avec l'aide de l'achillée millefeuille.* »

Fumigation de connexion avec l'invisible

L'achillée millefeuille est utile en divination dans les sorts visant à contacter ou chercher une personne spécifique.

Confectionnez un bâton de fumigation avec de l'achillée millefeuille, et allumez-le par exemple lors de vos méditations de contact avec un ancêtre ou un défunt. Visualisez celui-ci se matérialiser dans la fumée et vous apporter des réponses à vos interrogations ou soucis du moment : soyez très attentif(ve) !

Rituels associés

DOUCHE DE LUNE, page 88

BAIN D'ÉLÉVATION SPIRITUELLE, page 119

BÂTON DE FUMIGATION DE FÉMINITÉ SACRÉE, page 126

RITUEL

Baume lunarisé à l'achillée millefeuille et pierre de lune

Remplissez un bocal de fleurs séchées (ou préfanées) d'achillée millefeuille, sans tasser.

Recouvrez entièrement d'huile d'amande douce, puis laissez macérer ainsi 3 à 4 semaines dans un endroit chaud. Pour travailler avec la Lune (lunarisation), laissez le bocal dehors toute la nuit lors d'une Pleine Lune.

Au bout de ce temps, filtrez le contenu pour obtenir un macérat huileux. Prélevez-en 60 ml et faites-y fondre 1 cuil. à soupe de cire d'abeille, au bain-marie.

Ce faisant, visualisez l'Élément Eau et les rayonnements cosmiques de Vénus (l'étoile du Berger) intégrer votre préparation, en lien avec la couleur blanche de l'achillée (qui est aussi celle de Vénus quand on l'observe à l'œil nu).

Versez dans un récipient et laissez refroidir. Ajoutez 1 cuill. à café de très petites pierres de lune : ce correspondant minéral de l'achillée millefeuille en dynamise les vertus, tout en lui apportant ses propres bienfaits (voir page 88).

Ce baume est à utiliser pour ses vertus cicatrisantes et hémostatiques, mais aussi pour travailler avec toutes les propriétés psychoémotionnelles de l'achillée millefeuille.

l'angélique

PROPRIÉTÉS

Protection angélique
Bénédictions des sphères supérieures
Supprime les malédictions
Guérison
Puissante gardienne
Amène la force aux femmes

Formes d'utilisation

Racine fraîche ou sèche,
et huile essentielle

Correspondances magiques

Élément : Feu
Soleil et Vénus * Masculinité
Signes du Zodiaque :
Lion, Taureau, Cancer
Association minérale : angélite

RITUEL

Fumigation de renforcement

Lorsque votre vie de femme vous semble plus pesante à vivre (charge mentale, inégalités homme/femme, infertilité…), brûlez une racine d'angélique vous apportera la force de cette puissante gardienne. À mesure que sa fumée vous enveloppe, visualisez la plante vous offrir sa puissance et vous soutenant.

VOS RITUELS DE MAGIE VERTE

Rituels associés

HUILE « CONTACT AVEC LES ANGES », *page 148*

RITUEL DE LUMIÈRE, *page 180*

Protection angélique

Dans un récipient ignifuge adéquat (en fonte par exemple), avec une pince, déposez une racine d'angélique sur un charbon ardent pour la protection contre les malédictions et les sorcières. Visualisez sa fumée éloigner tous les mauvais sorts et les malédictions qui pourraient avoir été portés contre vous.

Sac de sorcière pour inviter la chance

Dans un petit sac en tissu orange, mettez de la lavande, du gingembre et du basilic. Ce faisant, visualisez ce que vous souhaitez atteindre avec l'aide de cet objet. Gardez-le dans votre sac à main ou dans votre poche pour attirer la bénédiction et la chance.

Amulette de bonne santé

Portez une racine d'angélique sur vous, en amulette, dans une poche ou votre sac à main, pour vous protéger de la maladie.

Connexion aux Archanges

L'angélique est associée aux archanges Michael et Gabriel que l'on peut invoquer avec une bougie rouge ou dorée pour le premier, ou avec une bougie blanche pour le deuxième. Michael, chef des archanges, nous guide et nettoie tous nos corps et transmute toutes les énergies négatives. Gabriel est l'Archange qui annonce les bonnes nouvelles et amène la sagesse divine aux hommes (voir *Rituels associés*).

l'armoise

Correspondances magiques

Éléments : Terre, Air

Vénus, Lune * Féminité

Signe du Zodiaque : Balance

Association minérale : améthyste

RITUEL

Couronne de Vénus et de la Lune

Lors de la Pleine Lune, réalisez une couronne d'armoise que vous porterez sur la tête. Connectez-vous à la Lune et à Vénus (même si vous ne la voyez pas), astres pleinement féminins, et appelez leur protection. En même temps, portez votre attention sur les deux éléments associés à cette plante : votre corps fait le lien physique entre la planète Terre, notre Terre-Mère, et l'Air, notre Père-Ciel, nous reliant ainsi aux deux astres précités.

Rituels associés

SACHET–MÉDECINE POUR AUGMENTER LA CONSCIENCE DES RÊVES, *page 32*

BÂTON DE FUMIGATION DE FÉMINITÉ SACRÉE, *page 126*

FUMIGATION D'ARMOISE ET SAUGE OFFICINALE, *page 160*

PROPRIÉTÉS

Protection * Purification
Pouvoirs psychiques, divination, clairvoyance

Formes d'utilisation

Parties aériennes fraîches ou sèches, et huile essentielle

VOS RITUELS DE MAGIE VERTE

Bain d'énergie de la Déesse

Cette herbe de nature féminine est utilisée lors des rituels de Pleine Lune pour attirer l'énergie de la Déesse.

Lors d'une nuit de Pleine Lune, mettez-en dans un bol d'eau bouillante et placez votre visage au-dessus pour bénéficier de la vapeur chargée en huile essentielle. Visualisez cette vapeur apporter sur vous l'énergie de la Déesse, vous transformant à votre tour en Déesse, ce qui adoucira les événements de la vie et les rendra plus faciles à vivre.

Sachet-médecine protecteur pour les voyages physiques ou spirituels

Réalisez un sachet-médecine d'armoise (voir page 10) pour le bon déroulement de vos voyages, qu'ils soient physiques ou spirituels (astraux ou chamaniques).

Confectionnez-le avec intention, en disant ou en pensant : « *Je crée ce sachet d'armoise pour qu'il me protège à tous les niveaux.* »

Portez ce sachet-médecine lors de ces occasions bien spéciales.

Bouquets de protection

Suspendez-la en bouquets au-dessus de vos portes pour protéger votre lieu de vie des énergies malfaisantes.

Fumigation divinatoire de connexion aux ancêtres

En fumigation, l'armoise permet la protection et la divination, mais aussi la projection astrale, les rêves lucides et prémonitoires, et la divination.

Elle améliore et amplifie les états modifiés de conscience : on la brûle d'ailleurs traditionnellement lors de Samhain (sabbat qui se déroule la nuit allant du 31 octobre au 1er novembre) pour contacter les ancêtres et travailler avec eux.

Allumez votre bâton de fumigation et pensez fortement aux ancêtres que vous souhaitez contacter. Si vous le souhaitez, dites à voix haute ce que vous voulez savoir d'eux. Restez attentif(ve) à tous les éléments que vous pourriez voir ou qui pourraient venir à vous par vos capacités extrasensorielles, que vous soyez éveillée ou pendant vos rêves.

Infusion de nettoyage énergétique des objets rituels

Faites infuser 1 cuil. à soupe d'armoise sèche ou fraîche dans 100 ml d'eau frémissante pendant 10 minutes, à couvert.

Filtrez, puis plongez-y un pinceau avec lequel vous nettoierez vos objets rituels (s'ils supportent le contact avec l'eau). Ce faisant, visualisez les énergies néfastes être lavées et partir. Avec un tissu propre, essuyez immédiatement les objets qui pourraient rouiller. Laissez les autres sécher à l'air libre.

le basilic

PROPRIÉTÉS

Apaisement * Harmonie
Chance * Amour
Prospérité * Abondance
Bannissement

Formes d'utilisation

Feuilles et feuilles fraîches
ou sèches, et huile essentielle

Correspondances magiques

Élément : Feu
Mars * Masculinité
Signes du Zodiaque : Scorpion, Poisson, Bélier
Association minérale : pierre de feu

RITUEL

Pesto de Feu et d'abondance

Réalisez un pesto de basilic relevé avec le Feu du poivre et du piment ; choisissez les proportions selon votre goût et votre tolérance au Feu. Dégustez en conscience, sur un toast ou avec des pâtes, en faisant mentalement venir à vous la prospérité et l'abondance au fur et à mesure que le basilic entre dans votre organisme.

VOS RITUELS DE MAGIE VERTE

Poudre de protection

Le basilic supprime les énergies négatives venant de l'entourage lorsqu'on le disperse dans les coins d'une pièce. Placez des brins frais dans un vase avec de l'eau ou déposez 1 pincée de basilic sec réduit en poudre dans chaque coin de la pièce.
Mettre un peu de basilic séché dans votre poche ou votre sac à main vous protégera aussi de l'énergie négative des autres en dehors de chez vous.

Bain rituel relaxant

Mettez des feuilles de basilic frais dans votre bain pour vous aider à vous relaxer.

Diffusion pour la compréhension et la communication

Son arôme amène la compréhension entre les individus ; vous pouvez l'utiliser en diffusion ou en olfactothérapie lorsque vous réunissez plusieurs personnes. Lors d'un repas en famille ou entre amis, prévoyez un plat avec du basilic frais émincé. Cette herbe permettra à ce moment convivial de se passer dans les meilleures conditions possibles, surtout si vous craignez des disputes ou des moments de malaise.

Amulette de protection d'Horus contre le négatif

1 petite pochette en organza blanc
du basilic (protège de l'énergie négative des autres)
du sorbier (protège contre la sorcellerie et les enchantements)
de la rue ou *Ruta graveolens* (puissante protectrice contre les attaques psychiques, vampires énergétiques et maladies d'origine énergétique)
1 petite labradorite (protège des émotions envahissantes des autres)

Dessinez-y (ou cousez-y) en doré le symbole de l'Œil d'Horus : c'est un symbole ancien puissant de protection, représentant l'œil du Dieu Faucon égyptien, Horus.

Disposez les plantes et la labradorite à l'intérieur, en vous centrant sur l'intention de protection que vous souhaitez.

Ensuite, allumez une bougie bleue (qui apporte la protection, favorise la chance et la force). Consacrez votre amulette en la passant au-dessus de la flamme, en visualisant sa purification et sa consécration.

Gardez cette amulette sur vous (dans une poche ou dans votre sac à main) quand vous avez besoin de protection. Pendant la nuit, placez-la sur votre table de chevet.

ATTENTION : Portez des gants car la rue peut provoquer des photodermatites de contact.

Rituel associé
BAIN DE PROSPÉRITÉ.
page 116

le calendula (souci)

VOS RITUELS DE MAGIE VERTE

Bénédiction des esprits défunts

Disposez des fleurs de souci sur les tombes de vos défunts bien-aimés pour bénir leurs esprits. Utilisez les fleurs de souci pour vos rites funéraires, les funérailles et les cérémonies du souvenir.

Bouquets de protection

Suspendez des bouquets de souci au-dessus des portes et fenêtres, à l'intérieur ou à l'extérieur, pour empêcher le mauvais œil d'entrer. Vous pouvez aussi en planter près de votre porte d'entrée si vous habitez dans une maison. Placez quelques fleurs fraîches ou sèches sous votre lit pour vous protéger d'éventuelles attaques d'entités néfastes durant votre sommeil.

PROPRIÉTÉS

Consécration * Protection
Pouvoirs psychiques
Rêves divinatoires
Divination pour l'amour
Rites funéraires
Passion, chaleur et créativité
Justice

Formes d'utilisation

Fleurs entières
et pétales frais ou secs

Correspondances magiques

Élément : Feu
Soleil * Masculinité
Signe du Zodiaque : Lion
Association minérale : obsidienne

Rituels associés

ONGUENT FLEURI POUR INVITER LA RÉUSSITE, *page 132*

BRUME AROMATIQUE D'OREILLER, *page 156*

Consécration d'outils de divination

Cueillez des fleurs de souci pendant la Pleine Lune et utilisez leurs pétales séchés lors des rituels de consécration en les posant sur vos outils de divination (voir page 172).

Roll-on de protection et de justice

Portez des fleurs dans votre poche pour amener la justice et la protection vers vous. Vous pouvez aussi réaliser un roll-on avec du macérat huileux de calendula (voir ci-contre) et quelques gouttes d'huile essentielle de lavande officinale et de romarin à cinéole.

Appliquez-vous un peu de ce mélange sur votre plexus solaire quand vous en ressentez le besoin.

Sachet-médecine « bonheur et protection »

Réalisez un sachet-médecine avec les fleurs de souci pour vous apporter bonheur et protection. Placez-le sous votre lit ou dans votre poche ou sac à main.

Macérat huileux solarisé au calendula

Remplissez un bocal de fleurs séchées de souci, sans tasser. Remplissez d'huile végétale de votre choix, jusqu'à recouvrir toutes les fleurs, et laissez 3 à 4 semaines dans un lieu chaud.

Ce faisant, visualisez l'élément Feu et les rayons du Soleil intégrer votre préparation, en image avec la fleur de calendula qui lui ressemble.

Solarisez le macérat : laissez le bocal au soleil, pour que ses rayons accentuent les vertus du baume. Comptez 1 semaine en été, 2 à 3 semaines en hiver (en utilisant alors des fleurs séchées), le soleil étant plus éloigné à cette saison.

Au bout de ce temps, filtrez-le : vous obtenez du macérat huileux de calendula.

Baume aux obsidiennes

Faites fondre au bain-marie 1 cuil. à soupe de cire d'abeille dans 60 ml de macérat huileux de calendula.

Une fois cela fondu, ajoutez 1 cuil. à café de très petites obsidiennes. Ce minéral, en correspondance avec le souci. il dynamise les vertus de la fleur en lui associant ses bienfaits.

Versez dans un récipient et laissez refroidir. Le baume est prêt !

Ce baume est à utiliser pour soigner toutes les affections et irritations cutanées, mais aussi pour travailler avec toutes les propriétés psychoémotionnelles du calendula.

Il permet notamment de surmonter les blessures émotionnelles et psychiques créées par des paroles inappropriées, ou encore de « digérer » la sensation que l'on n'est ni écouté(e), ni entendu(e) par personne.

la camomille

PROPRIÉTÉS

Amour * Paix * Beauté
Sommeil et rêves
Guérison * Protection

Formes d'utilisation

Fleurs fraîches ou sèches, et huile essentielle

Correspondances magiques

Élément : Eau
Soleil
Signes du Zodiaque : Vierge, Cancer, Lion, Capricorne
Association minérale : cornaline

RITUEL

Infusion pour rêves éclairants

Préparez une infusion de camomille dans de l'Eau, son Élément de correspondance magique.

Plongez 1 cuil. à café de fleurs sèches ou fraîches dans 250 ml d'eau bouillante. Laissez infuser 5 min (pas plus, sinon le goût devient trop amer).

Filtrez, puis buvez en conscience pour faire venir le sommeil et les rêves éclairants.

VOS RITUELS DE MAGIE VERTE

Poudre de fleurs pour nettoyer les énergies négatives

Dans un mortier, avec un pilon, réduisez en poudre 1 ou 2 poignées de fleurs séchées de camomille. Saupoudrez cette poudre dans vos chaussures afin de supprimer toutes les énergies négatives : la vôtre et celles qui nous sont transmises par les autres, volontairement ou non.

Bain de purification et de relaxation

Sous forme de fleurs séchées ou fraîches, on l'emploie dans le bain pour purifier le corps et relaxer l'esprit (voir *Rituels associés*).

Dispersion protectrice

Répandez des fleurs séchées autour de votre maison pour créer un cercle de protection.

Infusion d'abondance

Faites infuser 1 cuil. à café de fleurs de camomille romaine dans 250 ml d'eau frémissante à couvert pendant 10 min.

Filtrez et buvez lentement. Pensez ou dites à voix haute : « *Grâce à cette infusion de camomille, je fais venir l'abondance dans ma vie et suis pleine de gratitude pour cela.* » Visualisez cette abondance.

Vous pouvez aussi laver vos mains avec cette infusion pour attirer l'abondance vers elles.

Rituels associés

BAIN DE RÉGÉNÉRATION, *page 115*

BAIN POUR RÊVER, *page 118*

INFUSION « CLAIRVOYANCE », *page 149*

SPELL JAR « CHASSE-DIABLE », *page 165*

BOUGIE DE TRAVAIL AVEC LES FEMMES DE SA LIGNÉE, *page 176*

la lavande

Rituels associés

ROLL-ON DE PROTECTION ET DE JUSTICE, *page 21*

PHILTRE DE PASSION AMOUREUSE, *page 45*

SACHET-MÉDECINE « SOUVENIR DES RÊVES », *page 103*

BAIN DE PROTECTION, *page 112*

BAIN POUR L'AMOUR DE SOI, *page 116*

BAIN POUR RÊVER, *page 118*

ONGUENT FLEURI POUR INVITER LA RÉUSSITE, *page 132*

BOUGIE D'ÉQUILIBRAGE YIN & YANG, *page 134*

HUILE « SOLEIL INTÉRIEUR », *page 142*

SPELL JAR « CHASSE-DIABLE », *page 165*

Correspondances magiques

Élément : Air

Mercure * Masculinité

Signe du Zodiaque : Vierge

Association minérale : fluorite

PROPRIÉTÉS

Nettoyage * Purification
Calme, paix * Relaxation * Joie * Sagesse
Sommeil réparateur * Rêves
Clairvoyance, intuition
Ouvre le 3e œil (idéale pour méditer)

Formes d'utilisation

Parties aériennes fleuries fraîches
ou sèches, et huile essentielle

VOS RITUELS DE MAGIE VERTE

Brume sacrée pour lutter contre les peurs

La lavande creuse profondément dans le subconscient pour aider à se libérer de ses peurs et de ses doutes, et à ouvrir son cœur à l'énergie de l'amour.

Réalisez une brume sacrée en mélangeant 10 ml d'alcool à 70° avec 25 gouttes d'huile essentielle de lavande officinale. Secouez et pulvérisez sur vos vêtements, votre oreiller, vos rideaux ou votre sac à main.

Brume sacrée pour les rêves lucides

La lavande calme l'anxiété, ce qui aide à avoir des rêves lucides et très vifs. Placez-la dans un sachet sous votre oreiller ou pulvérisez-la dans l'air avant le coucher sous forme de brume sacrée (voir ci-dessus).

Vous pouvez aussi réaliser une infusion à boire : mettez 1 cuil. à café de fleurs sèches ou fraîches dans 250 ml d'eau frémissante à couvert pendant 10 min, puis filtrez.

Vous pouvez enfin ajouter quelques gouttes d'huile essentielle dans votre bain.

Fumigation contre la négativité, et pour l'accueil du bienfaisant

En fumigation, elle ouvre la porte des plans subtils et y invite les esprits bienfaisants. Elle éloigne la négativité ou le mal qui pourraient être tapis dans votre espace. Brûlez un bouquet de lavande et faites passer sa fumée dans tous les coins et recoins de votre logement. À la fin, aérez pour évacuer les énergies négatives ainsi délogées.

Infusion de nettoyage et programmation des cristaux

Préparez une infusion ou une brume sacrée (voir ci-contre) pour nettoyer vos cristaux et les programmer dans le but de calmer les émotions, l'anxiété et le flot de pensées, et apaiser l'esprit afin que le subconscient puisse émerger.

Pulvérisez la brume sur vos cristaux, ou immergez-les dans l'infusion s'ils supportent l'eau. Ce faisant, conférez-leur la capacité à calmer vos émotions et votre anxiété. Dès lors, portées sur vous, ces pierres ne serviront plus qu'à cela.

Brins fleuris pour les voyages astraux et chamaniques

La lavande facilite la projection astrale, les voyages spirituels et la conscience psychique : avant de réaliser un voyage chamanique ou avant de dormir (car il est possible que votre corps astral parte en voyage pendant votre sommeil), placez quelques brins fleuris sous votre oreiller ou sous votre tête. Gardez cette visualisation avec vous toute la journée et soyez à l'écoute des messages et des informations qui pourraient venir à votre conscience.

le laurier noble

PROPRIÉTÉS

Relationnel * Sagesse
Guérison * Protection
Inspiration * Divination
Bannissement du négatif

Formes d'utilisation

Feuilles et baies fraîches ou sèches, et huile essentielle

Correspondances magiques

Élément : Feu * Soleil * Masculinité
Signes du Zodiaque : Lion, Cancer
Association minérale : serpentine

RITUEL

Mandala végétal stimulant pour l'inspiration

Munissez-vous d'une vingtaine de feuilles de laurier fraîches ou sèches. Choisissez un lieu qui vous attire, à l'intérieur ou à l'extérieur. Disposez les feuilles au sol, en formant un cercle, leur pointe vers l'extérieur, à la manière d'un soleil. Intercalez plusieurs serpentines en créant un motif géométrique.

Ce mandala dynamisera votre inspiration dans les moments où elle vient à manquer.

VOS RITUELS DE MAGIE VERTE

Breuvage de clairvoyance

En breuvage, le laurier augmente la clairvoyance, la sagesse, et permet d'élargir notre vision ordinaire. Ajoutez une plante aromatique (mélisse, verveine, lavande) pour en améliorer le goût si besoin.

Nettoyage des énergies négatives stagnantes

Brûler une feuille de laurier peut nettoyer les énergies d'une pièce, en particulier les énergies négatives et stagnantes.

Écriture pour la réalisation des intentions

Pour transmettre vos souhaits à une force supérieure et manifester vos désirs, écrivez-les avec intention sous forme de mots-clés sur une feuille de laurier. Brûlez ensuite la feuille pour envoyer ces souhaits à l'Univers ; visualisez-les s'élevant avec la fumée pour rejoindre le Créateur.

Rêves prémonitoires

Des feuilles de laurier sous votre oreiller aident à induire des rêves prémonitoires.

Rituels associés

DIFFUSION « FORCE ET COURAGE », page 69
SACHET-MÉDECINE « SOUVENIR DES RÊVES », page 103
BAIN DE RÉGÉNÉRATION, page 115
BRUME ÉMOTIONNELLE, page 146
POT-POURRI ET SACHET-MÉDECINE « FORCE INTÉRIEURE », page 158

la menthe poivrée

PROPRIÉTÉS

Amour * Purification
Renouveau * Guérison
Divination * Argent * Sommeil

Formes d'utilisation

Feuilles et fleurs fraîches ou sèches, et huile essentielle

VOS RITUELS DE MAGIE VERTE

Infusion sacrée de nettoyage énergétique

On l'utilise pour augmenter les vibrations de la maison et nettoyer toutes les énergies négatives. Ajoutez quelques gouttes d'huile essentielle de menthe poivrée à vos produits pour nettoyer les sols, les vitres...

Friction de prospérité

Frottez quelques feuilles sèches sur des pièces de monnaie et conservez ces pièces dans votre porte-monnaie afin d'attirer l'argent dans votre vie.

Rituels associés

BAIN NETTOYANT, *page 114*

POT-POURRI ET SACHET-MÉDECINE « FORCE INTÉRIEURE », *page 158*

Feuilles pour le sommeil

Placez quelques feuilles sous votre oreiller pour vous assurer des nuits paisibles.

Correspondances magiques

Élément : Air * Masculinité
Signes du Zodiaque : Taureau, Verseau, Gémeaux
Association minérale : amazonite

RITUEL

Infusion sacrée d'amour et de prospérité

Faites infuser 1 cuil. à café de feuilles de menthe poivrée séchée dans 250 ml d'eau frémissante, à couvert. Après 10 min, filtrez dans une théière.

Préparez 2 petites tasses (à l'image des deux membres du signe des Gémeaux, auquel la menthe poivrée correspond).

En miroir avec le signe Verseau, versez l'infusion dans la 1re tasse en visualisant la matérialisation de l'amour dans le liquide.

Puis remplissez la 2e tasse en visualisant la matérialisation de l'argent dans l'infusion.

Buvez l'une, puis l'autre, en visualisant que l'amour et l'argent font maintenant partie intégrante de vous-même.

FLEURS ET PLANTES DE NOS JARDINS

le millepertuis

Correspondances magiques

Élément : Feu

Soleil * Masculinité

Signe du Zodiaque : Lion

Association minérale : pierre de soleil

Rituels associés

FUMIGATION DYNAMISANTE, *page 91*

VIN MÉDICINAL « CHASSE-DIABLE », *page 167*

ATTENTION : *ne prenez pas de millepertuis par voie orale sans avis médical, notamment si vous êtes sous antidépresseurs ou si vous prenez une contraception hormonale.*

PROPRIÉTÉS

Protection * Divination * Joie, bonheur

Formes d'utilisation

Parties aériennes fleuries fraîches ou sèches.

VOS RITUELS DE MAGIE VERTE

Fumigation de divination

Pour soutenir une divination avec un oracle ou un pendule, ou pour amplifier la puissance d'un sort, brûlez préalablement un bâton de fumigation au millepertuis. Visualisez sa fumée vous apporter les réponses attendues ou le résultat espéré.

Amulette de protection

Portez une amulette renfermant du millepertuis : elle vous protégera du mal, de la maladie et des esprits malfaisants, ou si vous devez affronter une épreuve.

Infusion de renforcement

Buvez une infusion de millepertuis pour renforcer votre courage et mettre en exergue les valeurs qui sont importantes pour vous.

Bouquet protecteur purifié au Feu de joie

Passez un bouquet de millepertuis dans la fumée d'un feu de joie pour le purifier, par exemple lors de Litha (sabbat du solstice d'été) ou à l'occasion d'un feu de la Saint-Jean. Si possible, cueillez votre millepertuis le jour du solstice d'été (le 21 ou le 22 juin, selon les années). Une fois chez vous, suspendez le bouquet purifié dans la pièce de vie, pour amener la protection sur votre maison.

l'origan

PROPRIÉTÉS

Amour * Aphrodisiaque
Relaxation * Méditation
Protection psychique
Guérison aurique
Rêves prémonitoires
Clarté mentale * Argent

Formes d'utilisation

Feuilles et fleurs fraîches ou sèches, et huile essentielle

Correspondances magiques

Élément : Air
Vénus
Signes du Zodiaque : Taureau, Balance
Association minérale : chrysobéryl

VOS RITUELS DE MAGIE VERTE

Plantation protectrice

Plantez-en près de votre porte d'entrée pour protéger votre maison des personnes mal intentionnées et des entités néfastes.

Dispersion pour appeler la joie

Répandez de l'origan séché ou frais sur le périmètre de votre propriété pour inviter la joie et la légèreté. Dites ou pensez, avec conviction : « *Tout ce qui se situe à l'intérieur de ce périmètre d'origan est voué à s'alléger et à vibrer de joie.* »

Amulette pour les voyages dans l'invisible

Pour faciliter les voyages tant physiques que psychiques, mettez un peu d'origan séché dans une amulette ou dans vos chaussettes. Cela aidera votre corps astral à se détacher de votre corps physique lors des voyages chamaniques et astraux.

Pincées pour la communication heureuse

Utilisez de l'origan dans votre cuisine lorsque vous avez des invités, pour amener de la convivialité.

Rituel associé

RITUEL PURIFIANT DES LUNES,
page 35

l'ortie

PROPRIÉTÉS

Protection * Guérison
Courage * Force
Consécration d'objets rituels
Harmonise les liens d'attachement et dissout les liens toxiques
Luxure et sexualité
Bannissement de la négativité
Exorcisme

Formes d'utilisation

Feuilles fraîches ou sèches

VOS RITUELS DE MAGIE VERTE

Fumigation de guérison

Faites appel au pouvoir de guérison de l'ortie en la brûlant dans la chambre d'un malade. Fenêtre ouverte, allumez un bouquet d'orties sèches et passez-le autour du corps de la personne souffrante pour l'aider à guérir ou raccourcir sa convalescence.

Infusion et poudre contre la négativité

Pour vous débarrasser de vos croyances négatives, faites une infusion avec des feuilles sèches ou fraîches.

Pour repousser la négativité d'un lieu, empêcher les mauvaises énergies d'entrer et repousser le mauvais œil, les maléfices et les esprits néfastes, placez des feuilles d'ortie sous le paillasson ; réduisez en poudre des racines et feuilles d'ortie, puis répandez cette poudre le long du périmètre de votre propriété, de votre maison ou de votre appartement.

Sachet d'abondance

Emballez des feuilles fraîches d'ortie dans un tissu violet (couleur de magie et de la sorcellerie blanche) et gardez-le dans votre portefeuille pour attirer l'abondance.

Bâton de fumigation pour le courage

Pour éloigner la peur et renforcer le courage, associez-la à l'achillée millefeuille dans un bouquet de fumigation, dans une amulette à placer sous l'oreiller ou dans votre poche, ou encore en infusion.

Poudre de sensualité

Associée à Vénus, l'ortie décuple la sensualité et harmonise la sexualité. Saupoudrez les orties de sel avant de les cueillir, puis disposez-les sous votre lit avant un moment intime.

Correspondances magiques

Élément : Feu

Mars

Masculinité

Signes du Zodiaque : Bélier, Taureau, Scorpion, Balance, Verseau

Association minérale : péridot

RITUEL

Savon pour l'harmonie charnelle (sans saponification)

Faites infuser 1 poignée de feuilles d'ortie dans 250 ml d'eau frémissante pendant 10 min, puis filtrez.

Mélangez 1 verre de paillettes de savon de Marseille avec 1 verre d'infusion d'ortie et faites fondre doucement au bain-marie.

Une fois les paillettes totalement fondues, ajoutez 2 cuil. à soupe d'huile de chanvre bio. Passez au mixeur plongeant pour obtenir une texture épaisse et homogène. Ajoutez 1 cuil. à soupe de graines d'ortie et mélangez.

Versez dans des petits moules en silicone, ajoutez un petit péridot dans chaque savon et laissez sécher 24 h.

Lavez-vous avec ce savon (seule ou à deux) avant un moment intime.

la pâquerette

Correspondances magiques

Élément Eau
Soleil
Signe du Zodiaque : Taureau
Association minérale : labradorite

RITUEL

Infusion d'évolution spirituelle

Une infusion de fleurs de pâquerettes fraîches ou sèches est un superbe tonique guérisseur si vous avez besoin de soutien dans votre évolution spirituelle.

Faites infuser 1 cuil. à café de fleurs fraîches ou sèches dans 250 ml d'eau frémissante.

Buvez 1 tasse, puis faites une méditation de connexion à vos guides.

Rituels associés

ONGUENT FLEURI POUR INVITER LA RÉUSSITE, page 132

BOUGIE « GRAND AMOUR », page 157

PROPRIÉTÉS

Amour * Joie, gaieté * Bonheur
Abondance * Sécurité * Protection

Formes d'utilisation

Fleurs fraîches ou sèches

VOS RITUELS DE MAGIE VERTE

Mini-bouquets de joie et sécurité

Au printemps, placez des mini-bouquets de pâquerettes chez vous pour y amener un sentiment de sécurité et de joie.

Faites-en également sécher afin de pouvoir ensuite les utiliser toute l'année.

Amulette de protection spéciale enfants

Suspendez une amulette faite avec des fleurs séchées au-dessus des lits des bébés et des enfants (hors de leur atteinte) pour leur apporter la protection.

Sachet-médecine pour augmenter la conscience des rêves

Dans un petit sac en tissu fin, associez des pâquerettes séchées à de l'armoise séchée, à parts égales. Ajoutez 1 labradorite brute. Placez votre sachet-médecine sous votre oreiller ou près de votre tête de lit pour augmenter la conscience de vos rêves.

Huile de beauté pour le buste et la réduction des rides

Confectionnez un macérat huileux aux pâquerettes en suivant la recette donnée pour le calendula (voir page 21).

Dans un rituel de Féminité sacrée, appliquez sur votre visage et votre buste, en disant ou en pensant : « *Merci à toi, Pâquerette, de me rendre aussi belle et jeune à l'extérieur que ce que je suis à l'intérieur !* »

le persil

PROPRIÉTÉS

Mort et renaissance
Protection * Puissance * Force
Purification * Nettoyage

Formes d'utilisation

Feuilles, graines, racines
fraîches ou sèches

Correspondances magiques

Élément Air
Mercure
Masculinité
Signes du Zodiaque : Balance, Gémeaux, Cancer
Association : moldavite

VOS RITUELS DE MAGIE VERTE

Autel de protection

Disposez des graines de persil sur votre autel pour vous protéger des énergies négatives. Si vous n'avez pas d'autel, c'est le moment d'en créer un (voir page 158) !

Choisissez un endroit dans votre habitation qui deviendra ce lieu sacré. Disposez-y tous vos objets rituels (spell jar, pot-pourri, sachets-médecine, talismans...), et ceux qui ont une importance particulière pour vous (figurines, images, végétaux, pierres...).

Ce lieu restera là, mais vous pourrez le faire évoluer avec le temps, selon vos besoins du moment.

Bain de purification

Mettez du persil frais dans votre bain pour nettoyer votre corps et purifier votre esprit. Vous pouvez aussi réaliser un green smoothie ou une eau détox à boire.

Bouquet pour les rêves et la divination

Le persil est associé depuis longtemps au monde de l'au-delà, et est efficace pour la divination et le travail avec les rêves.

Pour votre repas du soir, préparez un plat avec du persil frais.

Avant de vous coucher, suspendez un petit bouquet de persil frais au-dessus de votre oreiller, afin de vous aider dans votre travail spirituel nocturne.

Amulette pour attirer l'amour et la fertilité

Dans un petit sachet en tissu rouge, mettez 1 petite racine de persil sèche, du romarin, 1 quartz rose et 1 rhodochrosite.

Portez cette amulette contre (ou près) de votre corps pour attirer l'amour et la fertilité dans votre vie.

Rituel purifiant des lunes aux vapeurs de persil, sauge et origan

Ce rituel est spécialement dédié à votre période de lunes, afin de célébrer ce nouveau départ (puisque les règles marquent le début d'un nouveau cycle).

C'est le moment idéal pour réaliser une purification de votre corps physique et de vos corps subtils (votre aura) grâce à une alternative à la fumigation : les vapeurs de plantes. Dans les peuples premiers (dits aussi peuples racines), ces vapeurs sont l'équivalent « sans fumée » de la fumigation : elles exercent les mêmes actions, mais avec moins de contraintes d'utilisation.

IL VOUS FAUT

1 ou 2 brins de **persil** frais (pour la purification, la renaissance, le nettoyagc et la force)

1 ou 2 brins de **sauge blanche** sèche ou fraîche (puissant nettoyant et purificateur de tous vos corps)

1 ou 2 brins d'**origan** frais ou sec (pour la protection, la créativité, la liberté et le bonheur)

1 **pierre de lune**, liée à la féminité et à l'astre céleste

50 cl d'eau bouillante

La préparation

Placez vos plantes dans un bol et versez l'eau bouillante, puis ajoutez la pierre de lune.

Le déroulement du rituel

Placez votre visage au-dessus des vapeurs (front, yeux, bouche) : elles nettoieront et purifieront vos pensées, vos paroles et vos visions, et les rendront positives.

Puis dirigez ces vapeurs vers votre cœur, pour faire de même.

Ensuite, passez le bol tout autour de vous pour purifier tout votre corps. Terminez par la plante de vos pieds.

Enfin, asseyez-vous et inspirez les vapeurs plusieurs fois, pour vous nettoyer de l'intérieur.

Effectuez tout cela avec l'intention d'être purifiée et nettoyée, et d'en ressortir en tant que nouvelle et meilleure version de vous-même.

le romarin

PROPRIÉTÉS

Guérison * Amour
Protection * Purification
Mémoire * Force

Formes d'utilisation

Feuilles et fleurs fraîches ou sèches, et huile essentielle

Correspondances magiques

Élément : Feu
Soleil
Signes du Zodiaque : Capricorne, Verseau
Association minérale : cristal de roche

RITUEL

Dynamisation du romarin à la géode de cristal de roche

Avant de faire infuser du romarin ou de l'utiliser en cuisine, dynamisez-le en le plaçant dans une géode de cristal de roche.

Placez-le 24 h dans la géode en visualisant l'amas de cristaux augmenter le potentiel vibratoire du romarin, dont vous bénéficierez en l'utilisant par la suite.

VOS RITUELS DE MAGIE VERTE

Protection de la maison

Plantez du romarin près de votre porte, ou placez des sachets de romarin autour de votre maison pour la protéger.

Au fil du temps, les sachets vont sécher et se décomposer : cela fait partie du cycle de la vie, mais l'énergie vibratoire de la plante est là. Si vous habitez un appartement, mettez-le dans votre boîte aux lettres ou près de votre porte d'appartement.

Infusette pour bain de protection

Ajoutez du romarin à vos bains de protection (voir pages 11 et 112). Placez 1 verre de romarin séché ou frais dans une étamine ou une compresse dépliée. Refermez et faites infuser dans le bain en guise d'infusette XXL.

Sachet-médecine contre les cauchemars

Disposez du romarin sous votre oreiller pour vous aider à avoir une nuit reposante et pour repousser les cauchemars.

Vous pouvez aussi réaliser un sachet-médecine en y associant 1 petit lapis-lazuli, propice à la mémoire et aux souvenirs des rêves, ainsi qu'1 obsidienne noire pour repousser les entités néfastes. Placez-le à la tête de votre lit.

Brin frais pour la mémoire

Portez du romarin sur vous lors de vos apprentissages pour améliorer votre mémoire. Idéalement, glissez un brin frais sur votre oreille, comme une fleur.

Nettoyage des sols à l'infusion sacrée

Faites une infusion XXL de romarin avec laquelle vous nettoierez vos sols. Ce faisant, visualisez que l'infusion capte les énergies négatives stagnantes. Ensuite, videz-la dans l'évier ou, idéalement, directement dans votre jardin : la Terre se chargera de recycler ces énergies.

Fumigation de nettoyage et de purification

Allumez un bâton de fumigation au romarin et posez-le sur un abalone (coquille d'ormeau).

Posez l'abalone sur votre paume ; de l'autre main, à l'aide d'un éventail de fumigation ou d'une plume, dispersez la fumée vers les lieux ou les objets que vous souhaitez nettoyer et débarrasser des énergies négatives. Cela peut être votre pièce de thérapeute ou un objet d'occasion que vous venez d'acquérir.

Rituels associés

ROLL-ON DE PROTECTION ET DE JUSTICE, *page 21*

PHILTRE DE PASSION AMOUREUSE, *page 45*

SACHET-MÉDECINE « SOUVENIR DES RÊVES », *page 103*

BAIN DE PROTECTION, *page 112*

BAIN NETTOYANT, *page 114*

HUILE D'ÉNERGISATION DE L'AURA « TIGRITUDE DU TIGRE », *page 143*

BRUME AROMATIQUE D'OREILLER, *page 156*

SPELL JAR « CHASSE-DIABLE », *page 165*

Le gua sha, outil de massage issu de la médecine traditionnelle chinoise, est un cristal taillé plat, dont la forme particulière épouse parfaitement les contours du visage L'utilisation du gua sha est un peu technique et nécessite un certain entraînement, mais permet de stimuler intensément la circulation sanguine et d'augmenter le drainage lymphatique. Le rouleau de quartz rose, exerçant une pression douce, est plus facile à utiliser pour les débutantes, et plus rapide.

Réelles cures de jouvence en eux-mêmes, ces outils facilitent l'absorption des soins dont ils décuplent les bienfaits. Certains d'entre eux sont énergisés par des lithothérapeutes avant leur mise en vente.

Rituels associés

PHILTRE DE PASSION AMOUREUSE, *page 45*

BAUME D'OUVERTURE DU 3ᴱ ŒIL, *page 64*

BAIN DU DÉSIR, *page 113*

BAIN POUR L'AMOUR DE SOI, *page 116*

HUILE HARMONISANTE DU FÉMININ SACRÉ, *page 128*

ONGUENT FLEURI POUR INVITER LA RÉUSSITE, *page 132*

HUILE RAYONNANTE DE PRÉSENCE FÉMININE, *page 141*

LAIT CORPOREL D'AMOUR ENVOÛTANT, *page 144*

BOUGIE « GRAND AMOUR », *page 157*

SPELL JAR « CHASSE-DIABLE », *page 165*

PHILTRE D'AMOUR À LA ROSE ET À LA FRAMBOISE, *page 166*

BOUGIE DE TRAVAIL AVEC LES FEMMES DE SA LIGNÉE, *page 176*

la rose

Correspondances magiques

Élément : Eau * Vénus * Féminité
Signes du Zodiaque : Balance, Taureau, Cancer
Association minérale : quartz rose

RITUEL

Élixir précieux à la rose appliqué au gua sha

Dans 1 petit flacon de verre foncé, mélangez 25 gouttes d'huile essentielle de rose de Damas et 10 ml d'huile de rose musquée. Ajoutez de petits quartz roses. Exposez le flacon à la lumière de Lune pendant toute la nuit, ou posez-le sur une fleur de vie (ou encore dans une géode d'améthyste) pour en augmenter le taux vibratoire, et donc l'efficacité.

Le lendemain, nettoyez votre visage puis appliquez une lingette humide et chaude pour ouvrir les pores, et favoriser la future action de l'élixir. Allongez-vous et profitez de cette bulle de bien-être une dizaine de minutes.

Ôtez ensuite la lingette humide, versez un peu d'élixir dans votre main et appliquez-le délicatement sur votre visage. Effectuez un automassage facial au gua sha ou au rouleau de quartz rose *(voir ci-contre)*. Restez ancrée et suivez votre intuition mais procédez toujours en partant du milieu du visage vers l'extérieur, et symétriquement : si vous faites un mouvement à gauche, faites-le aussi à droite pour maintenir l'équilibre.

Cet élixir de beauté sublimera votre peau grâce aux puissantes propriétés de fleur, tout en vous enveloppant de l'énergie de la rose pour inviter l'Amour de soi.

PROPRIÉTÉS

Amour * Paix
Beauté * Protection

Formes d'utilisation

Fleurs et pétales frais ou secs, et huile essentielle

VOS RITUELS DE MAGIE VERTE

Bain rituel pour soi-même

Pour équilibrer vos émotions et amener un sentiment d'amour de soi, baignez-vous avec des pétales de rose frais ou séchés flottant dans l'eau, en ajoutant éventuellement de l'eau de rose de Damas ou de rose centifolia.

Médecine de la Rose pour l'Amour

Faites appel à la médecine de la Rose pour travailler sur l'Amour, de soi-même ou des autres. Placez un bouquet de roses sur votre autel (voir page 158) pour imprégner l'espace de l'énergie de l'Amour.

Visualisez l'odeur des roses agir comme agent attracteur de la plus haute énergie qui soit dans l'Univers : l'Amour. Parsemez le tour de votre lit de pétales séchés si vous souhaitez attirer l'amour romantique.

la sauge officinale

PROPRIÉTÉS

Purification
Sagesse * Longévité
Chance * Argent

Formes d'utilisation

Feuilles ou parties aériennes (fleuries ou non) fraîches ou sèches, et huile essentielle

Correspondances magiques

Élément : Air
Masculinité
Signes du Zodiaque : Gémeaux, Poissons, Scorpion, Sagittaire
Association minérale : malachite

RITUEL

Fumigation purificatrice de la maison

La sauge officinale étant associée à l'élément Air et à la purification, utilisez un bâton de sauge officinale séchée pour éliminer les énergies négatives et stagnantes de votre logement. Nettoyez la maison du bas vers le haut, en faisant passer la fumée le long des murs et en insistant sur les coins et derrière les portes. Une fois à l'étage le plus haut, refaites le chemin en sens inverse. Terminez en ouvrant toutes les portes et fenêtres pour faire s'évacuer les miasmes.

VOS RITUELS DE MAGIE VERTE

Sachet-médecine pour l'intuition

Porter quelques feuilles sur vous ou boire de l'infusion de sauge vous permettra d'amener la sagesse dans votre vie, et vous aidera à vous connecter à votre intuition. L'Esprit de la Sauge agira par modification vibratoire de vos corps subtils à partir de l'intérieur de votre corps. Vous pouvez aussi réaliser un sachet-médecine (voir page 10) en y associant par exemple du laurier et de l'armoise.

Nettoyage et élévation vibratoire d'un logement

La fumigation de sauge aide à purifier et à élever les vibrations de votre logement ; pendant la méditation, elle vous aide à atteindre un état méditatif plus facilement (voir ci-contre).

Brume sacrée pour l'intuition et le succès

Réalisez une brume sacrée avec de l'alcool à 70° pour amener l'intuition, l'abondance et le succès dans votre vie. Ajoutez quelques gouttes d'huile essentielle de lavande officinale pour synergiser la préparation.

Plantation d'abondance

Plantez de la sauge dans votre jardin, et/ou portez-en pour attirer le succès et l'abondance.

Rituels associés

BÂTON DE FUMIGATION DE FÉMINITÉ SACRÉE, *page 126*

FUMIGATION SYNERGIQUE ULTRAPUISSANTE, *page 154*

FUMIGATION D'ARMOISE ET SAUGE OFFICINALE, *page 160*

La sauge officinale européenne (*Salvia officinalis*) se distingue de la sauge blanche nord-américaine (*Salvia apiana*), très utilisée dans les cérémonies chamaniques amérindiennes.

la cannelle

PROPRIÉTÉS

Succès, pouvoir * Chance
Amour * Protection
Divination, inspiration
Prospérité, argent * Protection

Formes d'utilisation

Écorce du tronc sèche, huile essentielle

Attention, l'huile essentielle est dermocaustique (agressive pour la peau) : ne l'utilisez pas pure sur la peau, mais uniquement très diluée dans une huile végétale.

Rituels associés

BAIN D'ÉLÉVATION SPIRITUELLE, *page 119*

INFUSION DRUIDIQUE, *page 167*

VOS RITUELS DE MAGIE VERTE

Bain d'amour

Ajoutez de la cannelle et de l'huile essentielle de rose à votre bain pour avoir plus d'amour dans votre vie. Placez ensuite quelques bâtons de cannelle sous votre lit pour épicer votre vie amoureuse.

Correspondances magiques

Éléments : Feu, Air
Soleil * Masculinité
Signes du Zodiaque : Bélier, Lion
Association minérale : œil-de-tigre

RITUEL

Fumigation de nettoyage et protection

Faites brûler de la cannelle sur un charbon ardent dans un récipient adapté devant votre porte d'entrée, et dispersez la fumée avec un éventail de fumigation. Après 10 min, ouvrez la porte pour faire sortir la fumée. Puis, déplacez le récipient vers chaque fenêtre et porte donnant sur l'extérieur et procédez de même. Vous nettoierez ainsi physiquement votre maison, et vous la protégerez en repoussant les énergies néfastes ou en les faisant sortir.

Pot-pourri de protection

Dans un joli contenant, associez de la cannelle et 1 œil-de-tigre. Déposez ce pot à l'entrée de votre maison pour prolonger la protection.

l'orange

PROPRIÉTÉS

Protection * Divination
Amour * Chance * Argent
De la force pour les quêtes

Formes d'utilisation

Fruits, feuilles et fleurs frais ou sec, et huile essentielle

VOS RITUELS DE MAGIE VERTE

Boisson sacrée cérémoniale

Dans une infusion ou sous forme de jus, l'orange peut remplacer le vin sacré dans les cérémonies. Elle apportera la joie, l'amour et la créativité lors des cérémonies païennes d'union, de naissance…

Joie angélique

La haute vibration énergétique de l'orange permettrait de communiquer la joie des anges aux êtres humains.

Dans 200 ml d'un mélange de jus d'orange, orange sanguine, citron et/ou pamplemousse, versez 2 gouttes d'essence de bergamote et 2 gouttes d'essence de mandarine rouge. Terminez par 1 pointe de couteau de muscade.

Buvez ce breuvage en conscience et en pensant : « *J'invoque les anges de la joie pour faire venir plus de joie aux Terriens.* »

Correspondances magiques

Élément : Feu
Soleil, Neptune * Masculinité
Association minérale : calcite orange

Pot-pourri pour la créativité

Sa couleur en lien avec le chakra sacré et sa vibration promeuvent la créativité. Dans un récipient, mêlez des rondelles d'orange séchée, de citron séché, des copeaux de cannelle, des tranches de gingembre séché, de la calcite orange, de la cornaline et du grenat. Placez ce pot-pourri près de l'endroit où vous avez besoin de créativité (bureau, atelier, table de chevet…).

Chance et prospérité

Faites sécher des rondelles d'orange. Fixez-les ou cousez-les sur un support en forme de couronne, ou passez un fil épais à travers pour réaliser une sorte de guirlande. Décorez-en votre porte d'entrée pour convoquer la chance et la prospérité.

Bain et potion du désir

Ajoutée à un bain, l'eau de fleur d'oranger rend celui ou celle qui s'y plonge plus attirant(e). Une infusion de feuilles d'oranger complétée de rondelles d'orange bio et d'un peu de gingembre frais assurera la félicité physique.

Diffusez ensuite de l'essence d'orange : liée au chakra sacré (qui soutient une sexualité harmonieuse), elle confère une puissance particulière à tout rituel d'amour.

Rituels associés

PHILTRE DE PASSION AMOUREUSE, page 45
BAIN DU DÉSIR, page 113
GEL DOUCHE « JOIE D'ENFANT », page 145

le citron

PROPRIÉTÉS

Nettoyage (dont aura)
Pureté, purification * Clarté, élévation
Jeunesse et rajeunissement
Longévité * Booster d'humeur
Bonheur * Amitié

Formes d'utilisation

Fruits, feuilles et fleurs frais ou secs, et huile essentielle

VOS RITUELS DE MAGIE VERTE

Vitalisation et purification

Le citron clarifie, sur le plan physique comme sur les plans psychique, émotionnel et spirituel. Son huile essentielle vitalise et purifie le corps, l'esprit et l'âme.

Nettoyage des objets rituels

Mélangez 6 à 8 gouttes d'huile essentielle dans 250 ml d'eau pour nettoyer vos amulettes, cristaux, bijoux, pierres et autres objets à purifier. Ce nettoyage supprime toute négativité d'un objet.

Amour

Placez quelques fleurs séchées de citronnier dans une amulette et portez-la pour attirer un nouvel amour dans votre vie. Ajoutez aussi quelques gouttes d'huile essentielle à votre linge pour attirer de nouvelles amitiés et amours.

Sachet-médecine contre les énergies négatives

Pour vous débarrasser de vieilles énergies ou d'énergies négatives, suspendez des sachets contenant des rondelles de citron séchées dans vos armoires. Ajoutez du jus de citron à l'eau de nettoyage du sol pour libérer la maison des énergies négatives. Utilisez 2 à 3 gouttes dans un diffuseur pour supprimer la négativité d'une pièce.

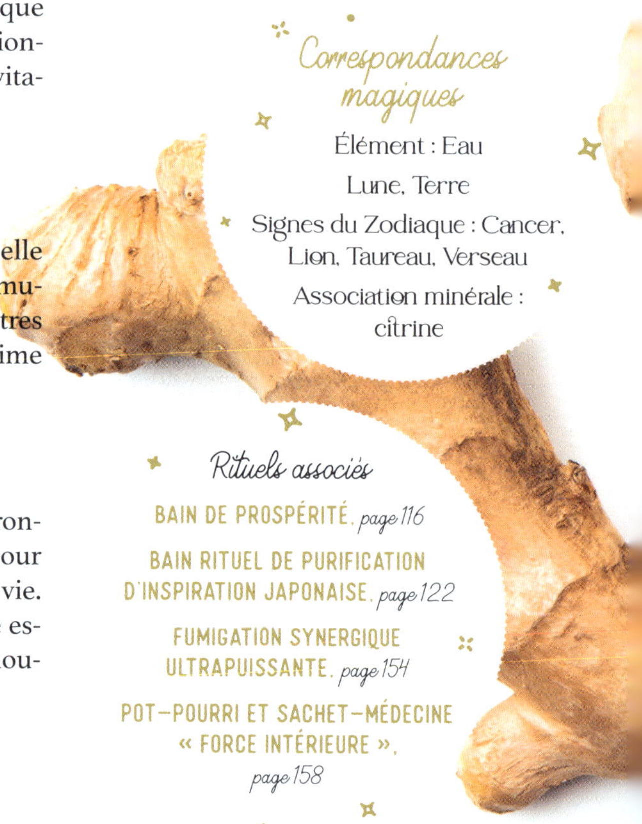

Correspondances magiques

Élément : Eau

Lune, Terre

Signes du Zodiaque : Cancer, Lion, Taureau, Verseau

Association minérale : citrine

Rituels associés

BAIN DE PROSPÉRITÉ, *page 116*

BAIN RITUEL DE PURIFICATION D'INSPIRATION JAPONAISE, *page 122*

FUMIGATION SYNERGIQUE ULTRAPUISSANTE, *page 154*

POT-POURRI ET SACHET-MÉDECINE « FORCE INTÉRIEURE », *page 158*

le gingembre

PROPRIÉTÉS

Équilibre
Énergie
Guérison
Clarté
Ancrage et stabilité
Amour et passion
Pouvoir * Argent * Succès

Formes d'utilisation

Rhizome frais ou sec

Rituels associés

POT-POURRI POUR LA CRÉATIVITÉ, *page 43*

INFUSION DRUIDIQUE, *page 167*

Correspondances magiques

Élément : Feu
Soleil * Mars * Masculinité
Signe du Zodiaque : Bélier
Association minérale : pyrite

VOS RITUELS DE MAGIE VERTE

Poudre de prospérité

Enterrez du gingembre en poudre pour les sorts et rituels en lien avec l'argent.

Mettez-en aussi 1 pincée dans votre portefeuille ou porte-monnaie ou pour attirer l'argent. Visualisez les pièces et les billets tomber en pluie sur vous.

Philtre de passion amoureuse

Faites infuser 1 quartz rose dans 500 ml d'eau pendant 24 h puis retirez-le.

Mélangez 1/2 cuil. à café de gingembre râpé, 3 bourgeons de rose de Damas, 1/2 cuil. à café de lavande, 1/2 cuil. à café de romarin et 1 rondelle d'orange fraîche. Plongez 1 cuil. à soupe de ce mélange dans 250 ml de votre eau de quartz rose portée à ébullition.

Pendant le temps d'infusion, placez vos mains au-dessus du breuvage, et dites ou pensez : « *Que ce philtre d'amour ravive la flamme entre (PRÉNOM) et moi/me fasse rencontrer l'amour séance tenante !* ». Imaginez-vous tel(le) un aimant, attirant ce que vous avez souhaité et appelé.

Feu et énergie

Le Feu est caractéristique de toute cérémonie magique et rituel sacré. Il dynamise et alchimise. Par sa correspondance à l'Élément Feu, le gingembre amène l'énergie et ajoute du pouvoir à toute activité magique.

la fougère

Correspondances magiques

Élément : Terre

Saturne * Féminité

Association minérale : tourmaline noire

PROPRIÉTÉS

Protection * Amour
Chance * Richesse
Jeunesse
Invisibilité * Exorcisme
Fait venir la pluie
Magie de l'eau

Formes d'utilisation

Feuilles

VOS RITUELS DE MAGIE VERTE

Fumigation de protection contre les entités malfaisantes

On peut brûler la fougère sèche en intérieur pour chasser les entités malfaisantes. Puisqu'elle protège le domicile, vous pouvez en mettre en pot ou en vase dans la maison, ou en planter près du seuil d'entrée.
À l'extérieur, brûler de la fougère sèche est un rituel traditionnel pour attirer la pluie.

Certaines sorcières récoltent des spores de fougère (sous les feuilles) et les utilisent dans les sorts d'invisibilité. Invoquez la fée des fougères pour réaliser des sorts et rituels en rapport avec la guérison, la passion et le désir, et la chance. Attention cependant, elle a tendance à envenimer les histoires d'amour !

Rituel dans les bois avec le petit peuple de la forêt

Munissez-vous d'une tourmaline noire et d'une gourde d'eau. La tourmaline noire protège et apporte sagesse, créativité et apprentissage. Associée au chakra racine, c'est une pierre d'ancrage bénéfique pour la divination par les miroirs, et pour atteindre la guérison lors d'une cérémonie chamanique.

Trouvez une zone forestière où poussent des fougères. Matérialisez un cercle en versant de l'eau sur le sol. Allongez-vous au sol (sur un tapis si nécessaire), tout près des fougères (mais pas à leur contact pour éviter les tiques).

Posez la tourmaline noire sur votre chakra du 3e œil, puis dites à voix haute ou en pensée : « *Petit peuple de la forêt, je suis ici en paix, pour vous demander la protection, la chance et la jeunesse. Par la magie de l'eau, de la terre et de la tourmaline noire, transmettez-moi vos messages et vos conseils. Merci à vous.* »

On dit que le petit peuple de la forêt aime à passer du temps sous les fougères : prenez garde à ne pas les écraser ! Près d'elles, gardez également vos secrets pour vous, sinon ils risquent d'être répétés... Lorsque les fougères sont en période de reproduction et portent leurs spores jaunes, on dit que les jeter révèle l'endroit où de l'or est caché, là où elles retombent.

Rituel associé
BAIN DE LA FORÊT,
page 121

le genévrier

PROPRIÉTÉS

Protection * Prospérité
Amène de nouvelles aventures
Purification * Nettoyage
Énergie masculine protectrice
Revigore l'esprit et le corps
Réinitialise d'un point de vue énergétique
Apaise le stress * Guérison et harmonie
Améliore les visions

Formes d'utilisation

Branches, baies, sous forme de plante fraîche ou sèche, et d'huile essentielle

VOS RITUELS DE MAGIE VERTE

Sachet-médecine et amulette pour l'amour physique

Le genévrier attire l'amour physique, augmente la vitalité masculine et la sensualité féminine. Pour atteindre son plein potentiel, réalisez un sachet-médecine (voir page 10) ou une amulette décoré(e) d'un cœur mêlé avec une lemniscate (symbole de l'infini). Portez-le sur vous ou placez-le sous votre lit.

Plantation bienfaisante et protectrice

Plantez du genévrier autour de la maison : il fera venir les bonnes et saines énergies, attirera l'abondance et protégera des vols.

Diffusion d'abondance et prospérité

L'huile essentielle de genévrier peut intervenir dans les rituels d'abondance financière et de prospérité. Diffusez-la en imaginant les projets lucratifs venir vers vous. Achevez ce rituel en buvant une décoction de baies de genévrier.

Fumigation contre la magie noire

Le genévrier s'utilise en fumigation pour la protection magique contre les personnes qui pourraient vous avoir jeté un sort de magie noire ou l'avoir planifié.
Allumez un rameau de genévrier et passez d'abord la fumée tout autour de votre corps (veillez à ne pas vous brûler), en imaginant tout ce qui est négatif être chassé.
Ouvrez ensuite portes et fenêtres, et faites le tour de votre intérieur avec votre fumigation, en dispersant bien la fumée et en visualisant que celle-ci apporte à votre maison sa puissante armure protectrice. Faites de même dans le jardin (si vous en avez un) en faisant le tour de la propriété.

Correspondances magiques

Élément Feu
Soleil * Masculinité
Signes du Zodiaque : Cancer, Lion
Association minérale : héliotrope

le noisetier

PROPRIÉTÉS

Divination et intuition
Guérison
Sagesse & connaissance
Amour * Beauté
Créativité

Formes d'utilisation

Feuilles, branches, fruits

VOS RITUELS DE MAGIE VERTE

Écriture végétale pour réaliser un souhait

Également appelé « coudrier », le noisetier était sacré pour les Druides et les Celtes. Il s'agit d'un arbre à la dimension magique, symbole de sagesse et de connaissance, que l'on trouverait dans l'au-delà.

Il est capable de convoquer et d'attirer ce que l'on souhaite : cueillez une branche feuillée de noisetier et inscrivez au marqueur sur ses feuilles tout ce que vous souhaitez attirer à vous.

Ensuite, enterrez la branche dans un lieu qui vous tient à cœur.

Augmentation des pouvoirs magiques

Manger des noisettes permet d'augmenter ses pouvoirs magiques, particulièrement ceux de divination et de clairvoyance

Baguette de divination et oracle dédié à l'amour

Son bois est communément utilisé pour réaliser des baguettes de sourcier, et ses noisettes pour la divination d'amour.

Réalisez une baguette avec une branche de noisetier. Munissez-vous d'un oracle dédié à l'amour et disposez toutes les cartes en cercle à même le sol.

Formulez votre demande, lancez la baguette et voyez quelle carte elle vous indique.

Correspondances magiques

Élément : Air
Soleil
Masculinité
Association minérale : hématite

Rituel associé
BAIN DE LA FORÊT.
page 121

l'eucalyptus

PROPRIÉTÉS

Guérison * Protection
Purification * Nettoyage
Stimulation * Divination

Formes d'utilisation

Branches fraîches ou sèches,
et huile essentielle

VOS RITUELS DE MAGIE VERTE

Fumigation pour repousser les ennemis et le mal

Brûlez un bâton de fumigation d'eucalyptus pour neutraliser et clarifier les énergies de votre maison ou chasser des personnes indésirables de votre domicile. Visualisez la fumée emplir tout l'espace, ne laissant aucune place pour les êtres indésirables, qu'ils soient des entités invisibles ou des personnes incarnées.

Poupée de guérison et sachets de protection

C'est une plante nettoyante, purifiante et guérisseuse, qui éloigne les énergies lourdes, en élevant les vibrations. Réalisez des poupées de guérison garnies de feuilles d'eucalyptus (voir page 11), à porter sur vous pour garder la bonne santé. Utilisez-les aussi dans des sachets-médccine ou amulettes de protection (voir page 10).

Douche anti-énergies négatives

Suspendez de l'eucalyptus dans votre douche : la vapeur fera s'exhaler son huile essentielle. Vous serez prémuni(e) contre les rhumes mais aussi nettoyé(e) et purifié(e) de toutes les énergies négatives autour de vous.

Correspondances magiques

Éléments : Eau, Air
Mercure, Vénus * Féminité
Signe du Zodiaque : Vierge
Association minérale : agate mousse

RITUEL

Fumigation pour la clarté mentale

Cette fumigation humide améliorera votre clarté mentale et votre concentration, facilitant du même coup l'accueil des messages du Divin.

Faites bouillir 1 bol d'eau (Élément Eau) et placez-y 1 poignée de feuilles d'eucalyptus et 1 agate mousse.

Placez votre visage au-dessus quelques secondes pour en respirer la vapeur (Élément Air), puis faites une demande, par exemple : « *J'aimerais savoir si j'obtiendrai cette promotion.* » ou « *Je voudrais savoir si (PRÉNOM) va m'inviter à dîner.* »

Observez les formes que prennent les vapeurs pour obtenir les réponses à vos interrogations.

Rituels associés

BOUGIE D'ÉQUILIBRAGE YIN & YANG, *page 134*

STICK « INSPIRATION », *page 147*

FUMIGATION SYNERGIQUE ULTRAPUISSANTE, *page 154*

Correspondances magiques

Éléments : Eau, Terre

Mercure, Lune * Féminité

Signes du Zodiaque : Cancer, Capricorne, Poissons

Association minérale : jaspe rouge

RITUEL

Eau florale de jasmin lunarisée

Lors d'une Pleine Lune, mettez quelques fleurs de jasmin sambac, fraîches ou sèches, dans del'eau de source. Enterrez le récipient jusqu'à la moitié de sa hauteur : la fleur de jasmin sera ainsi reliée à ses éléments Eau et Terre, en lien direct avec l'un de ses astres, la Lune. Laissez toute la nuit.

Le lendemain, filtrez cette eau lunarisée, et utilisez-la pour travailler sur votre féminité et/ou votre libido, en bain de siège, ou pour la guérison aurique, sous forme de brume sacrée : mélangez à parts égales avec de l'alcool à 70° et mettez dans un flacon pulvérisateur. Pulvérisez tout autour de vous lorsque vous en ressentez le besoin.

Rituels associés

BAIN DU DÉSIR, *page 113*

BAIN POUR L'AMOUR DE SOI, *page 116*

CÉLÉBRATION DE FÉMINITÉ SACRÉE, *page 129*

HUILE RAYONNANTE DE PRÉSENCE FÉMININE, *page 141*

LAIT CORPOREL D'AMOUR ENVOÛTANT, *page 144*

le jasmin

PROPRIÉTÉS

Amour * Aphrodisiaque
Relaxation * Méditation
Protection psychique
Guérison aurique * Clarté mentale
Sommeil * Rêves prémonitoires

Formes d'utilisation

Fleurs fraîches ou sèches, et absolue

Une absolue est un extrait aromatique obtenu par extraction de végétaux fragiles (comme les fleurs) dans un solvant (en général l'éthanol). On obtient un liquide aromatique appelé « concrète » qui devient « absolue » une fois l'éthanol évaporé.

VOS RITUELS DE MAGIE VERTE

Massage aromatique des amoureux

Fleur profondément féminine, le jasmin est aphrodisiaque ; il aide à s'ouvrir à l'amour, aux plaisirs charnels et à la passion. Il permet l'harmonisation des chakras sacrés des deux partenaires et la pleine réalisation du Féminin sacré.

Réalisez un mélange aromatique pour un massage préliminaire avec 10 ml d'huile de sésame, 10 gouttes d'absolue de jasmin et 10 gouttes d'huile essentielle d'ylang-ylang complète.

Vous pouvez aussi déposer 1 goutte d'absolue de jasmin à chaque coin du lit avant un moment intime.

Méditation et clarté mentale

Le jasmin aide à lutter contre les états dépressifs, la mélancolie, elle redonne de l'espoir et de la confiance, aide à la compassion et à l'optimisme. La fleur encourage la clarté mentale et harmonise les couches de l'aura tout en apportant la protection psychique. Déposez 1 goutte d'absolue de jasmin sur votre 3e œil avant une méditation.

Thé de connexion au Divin

Le jasmin active le Divin en nous par le chakra du cœur, nous ouvre les yeux et encourage l'élévation spirituelle. Annonciateur de transformations majeures, il renforce notre conscience et notre sensibilité lors des phases transitionnelles.

Appliquez 1 goutte d'absolue de jasmin sur votre chakra du cœur, puis buvez lentement, en conscience, 1 tasse de thé au jasmin.

Diffusion pour le sommeil et les rêves

Diffusez 2 gouttes d'absolue de jasmin dans la chambre pendant 10 min avant de vous coucher. Le jasmin fait en effet venir le sommeil, en régule les cycles et promeut les rêves prémonitoires.

la sauge blanche

PROPRIÉTÉS

Nettoie les énergies négatives
et non voulues
Renouveau énergétique
Élève les vibrations d'un espace
Purification * Méditation

Formes d'utilisation

Bois, huile essentielle

VOS RITUELS DE MAGIE VERTE

Fumigation de nettoyage d'une personne ou d'un lieu

La sauge blanche est l'une des plantes les plus sacrées pour les Amérindiens car elle nettoie toutes les énergies négatives des personnes et des lieux. Elle est capable de changer l'énergie vibratoire d'une pièce et son ambiance.

Brûlez-la lorsque vous vous installez dans un nouveau logement, quand vous avez eu la visite d'une personne toxique ou négative, après une dispute, pendant une convalescence, si vous êtes de mauvaise humeur, pour préparer un espace sacré, ou simplement si vous en ressentez le besoin.

Une fois les énergies négatives supprimées, effectuez une fumigation de foin d'odeur (voir page 56) pour inviter les vibrations positives à investir le lieu.

Fumigation de nettoyage des objets rituels

La sauge blanche est un puissant outil de nettoyage des objets. Réunissez vos objets d'occasion, ainsi que vos cristaux, bijoux, et tous vos objets et outils spirituels. Passez-les plusieurs fois dans la fumée de sauge blanche jusqu'à ce que vous ressentiez qu'ils sont énergétiquement nettoyés.

Fumigation cérémoniale

C'est une puissante plante de cérémonies, de rituels et de prières. Son odeur transporte dans une autre dimension et sa puissance connecte aux mondes subtils. Allumez un bâton de sauge à chaque occasion cérémonielle qui se présente dans votre vie.

LA SAUGE BLANCHE, UNE MÉDECINE DE LA FEMME

Considérée comme une Médecine de la Femme, la sauge blanche confère force et sagesse, et clarifie les objectifs. Dans la tradition amérindienne, pendant leur période menstruelle, les femmes représentent une cérémonie en elles-mêmes au vu des événements qui se passent dans leur corps. Elles sont par conséquent alors considérées comme étant très puissantes, ce qui fait qu'elles ne doivent, momentanément, ni tenir ni utiliser les objets sacrés. Elles peuvent toutefois utiliser la sauge blanche en fumigation, mais sans recourir à la traditionnelle plume de fumigation pour répandre la fumée.

Rituels associés

RITUEL PURIFIANT DES LUNES, *page 35*

BÂTON DE FUMIGATION DE FÉMINITÉ SACRÉE, *page 126*

FUMIGATION SYNERGIQUE ULTRAPUISSANTE, *page 154*

FUMIGATION DE NETTOYAGE PAR LES QUATRE DIRECTIONS SACRÉES, *page 168*

Du fait de l'engouement actuel, la sauge blanche, provenant principalement de Californie, est une espèce qui tend à y être menacée. Utilisez plutôt les plantes locales, comme la sauge officinale (voir page 40).

Correspondances magiques

Élément : Terre

Vénus * Féminité

Association minérale : unakite

le foin d'odeur

PROPRIÉTÉS

Nettoyage énergétique * Protection
Dégage les obstacles
Amène les esprits bienfaisants
et l'énergie positive
Invoque la protection et la bénédiction
des ancêtres
Clarté mentale, concentration

Formes d'utilisation

Parties aériennes fraîches ou sèches

VOS RITUELS DE MAGIE VERTE

Tresse de méditation

Pour les Amérindiens, le foin d'odeur est une herbe sainte qui représente la chevelure de la Terre-Mère.

Le foin d'odeur, la plupart du temps sous forme de tresse, se brûle directement comme un bâton de fumigation, ou sur un charbon incandescent.

Réalisez une tresse avec 3 fagots (symboles de notre corps, notre esprit et notre âme), chacun constitué de 7 brins de foin d'odeur. Dans l'enseignement chamanique amérindien, ces 7 brins représentant les 7 grands-pères : amour, respect, vérité, sagesse, honnêteté, courage, humilité.

Fumigation pour amener les vibrations positives après un nettoyage

L'utilisation du foin d'odeur en fumigation se fait traditionnellement dans un second temps, après avoir brûlé de la sauge blanche, du palo santo ou du cèdre dans le but d'éliminer les énergies négatives.

Le foin d'odeur a en effet la capacité de pouvoir remplir l'atmosphère de hautes vibrations, de bonnes influences et d'esprits bienfaisants. Créant un environnement de joie et de légèreté qui élève l'esprit, les Amérindiens l'utilisent dans les cérémonies de recouvrement d'âme.

Pendant le rituel d'attraction des vibrations positives, dites ou pensez : « *Merci à toi, Esprit du foin d'odeur, puisses-tu protéger ma maison de tout ce qui est négatif, et ne laisser entrer que le positif.* »

Rituel de Pleine Lune

Accrochez une tresse de foin d'odeur au-dessus de votre porte d'entrée à l'aide d'un ruban rouge, couleur de la direction Sud de la Roue de Médecine, en guise de protection contre toutes les agressions extérieures.

Dites à voix haute ou pensez : « *Merci, Terre-Mère, pour ta chevelure bienfaitrice qui fait de ma maison un cocon de paix. Merci, Dame Lune, pour ta Lumière qui nimbe ma maison d'une aura protectrice.* »

Souplesse mentale par le foin d'odeur

Lorsqu'on marche sur le foin d'odeur, il ploie, mais ne rompt pas : ainsi nous apprend-il à nous assouplir tout en restant nous-même. Brûlez-le ou portez un morceau de tresse sur vous si vous avez besoin de davantage de souplesse mentale.

Nettoyage de vos outils spirituels

Vous pouvez aussi utiliser le foin d'odeur pour purifier vos outils sacrés. Passez-les plusieurs fois dans sa fumée.

Correspondances magiques

Élément : Eau

Vénus, Lune

Féminité

Signe du Zodiaque : Balance

Association minérale : sélénite

le palo santo

PROPRIÉTÉS

Guérison profonde
Inspire la créativité
Amène l'amour et la bonne fortune
Connexion au Divin
Nettoyage et guérison sur les plans physique, émotionnel et spirituel, en particulier lors d'une maladie
Chasse les énergies négatives
Préparation à la méditation
Santé, chance, paix et harmonie

Formes d'utilisation

Fragments de bois sec et huile essentielle

Correspondances magiques

Élément : Air
Vénus * Masculinité
Signe du Zodiaque : Gémeaux
Association minérale : kunzite

VOS RITUELS DE MAGIE VERTE

Fumigation pour l'expansion de la conscience

Très utilisé par les chamanes péruviens et brésiliens dans les rituels et les exorcismes, le palo santo est employé pour sa capacité à nous aider à nous transcender, à manifester qui nous sommes, à accéder à notre pouvoir personnel. Soutenant notre démarche spirituelle, la fumigation de palo santo est utile dans le cadre de méditations ou de voyages chamaniques. Elle facilite la connexion et la communication avec le Divin.

Fumigation pour remplacer les énergies négatives par les vibrations positives

Le palo santo (littéralement « bois saint ») est brûlé pour transmuter l'obscurité en lumière. Les Incas l'utilisaient pour nettoyer la *mala energía* (l'énergie négative).

Sa puissance ne réside pas seulement dans sa capacité à supprimer la négativité, mais également dans son aptitude à la transformer en énergie positive par une élévation vibratoire. Il diffuse de l'amour, de la chaleur et de la lumière dans la pièce où il est fumigé, ce qui le rend efficace pour calmer les blessures émotionnelles.

Brûlez du palo santo pour remplacer les énergies négatives d'un lieu par des vibrations positives. Attention : soyez dans de bonnes dispositions psychiques pour le faire, car le palo santo se met au diapason de votre état vibratoire et émotionnel.

Rituels associés

RITUEL PURIFIANT
DES LUNES, *page 35*

BÂTON DE FUMIGATION
DE FÉMINITÉ SACRÉE, *page 126*

FUMIGATION SYNERGIQUE
ULTRAPUISSANTE, *page 154*

FUMIGATION DE NETTOYAGE
PAR LES QUATRE
DIRECTIONS SACRÉES,
page 168

Veillez à acheter du palo santo issu de l'espèce *Bursera graveolens*. Les bâtonnets sont obtenus en taillant des branches tombées naturellement au sol et laissées là pendant 3 à 4 ans. Cette période de décomposition permet le développement des arômes du bois. Aucun arbre vivant n'est abîmé ou détruit pendant ce processus.

le cèdre (thuya)

PROPRIÉTÉS

Chasse les énergies négatives
Amène les bonnes énergies
et les esprits bienfaisants
Améliore les pouvoirs psychiques
Renouveau * Ancrage * Protection
Bannit la peur * Force et confiance
Apaisement, calme
Bénédiction de la maison

Formes d'utilisation

Branches sèches

VOS RITUELS DE MAGIE VERTE

Rituels, cérémonies et prières

Assimilée à la Mère qui donne la vie, cette plante sacrée amérindienne est fumigée pour faire parvenir les prières au Créateur. Brûlez-la dans vos rituels et cérémonies, particulièrement pour émettre une prière de demande ou de gratitude.

Fumigation de purification

Brûlez le cèdre pour protéger, purifier et nettoyer les personnes, les lieux et les objets, supprimer les mauvaises énergies et attirer les bonnes, ou pour chasser les personnes néfastes.

Fumigation de guérison et de convalescence

En cas de maladie ou d'épuisement, le cèdre vous apportera de la force et de la confiance. Il bannira la peur et appellera la guérison.
Placez du bois pétrifié sous vos pieds puis passez le bâton de cèdre tout autour de votre corps ; visualisez la fumée chasser tous les miasmes, entités, maladies et désagréments… puis ouvrez la fenêtre pour les faire partir. Visualisez-vous nimbé(e) d'une lumière vert émeraude, couleur de l'archange Raphaël, archange de la guérison divine (voir page 180).

Emménagement

Le cèdre est très utile lors d'un changement de logement, pour bénir, consacrer et protéger la nouvelle habitation : il apporte le renouveau, la confiance et l'apaisement, tout en purifiant le lieu.

Bien que les Amérindiens le désignent sous le terme de *Cedar* (cèdre), il s'agit en réalité de thuya occidental (*Thuya occidentalis*) et non de *Cedrus*.

Correspondances magiques

Éléments : Terre, Feu
Soleil * Masculinité
Signes du zodiaque :
Bélier, Lion, Sagittaire
Association minérale :
bois pétrifié

la yerba santa

VOS RITUELS DE MAGIE VERTE

La yerba santa dégage une odeur très agréable en fumigation. Littéralement « herbe sainte » en espagnol, on la brûle lors de cérémonies de guérison, de purification et d'amour, pour harmoniser le chakra du cœur, apaiser les chagrins d'amour, aider à surmonter les deuils et la timidité.

Fumigation pour l'amour

Elle apporte un précieux soutien lorsqu'on a besoin de travailler sur l'amour de soi et l'estime de soi, et lorsqu'on souhaite se connecter à son Soi supérieur. Brûlez-la dans toutes ces situations sous forme de bâton de fumigation, ou concassée sur un charbon ardent.

Bain de vapeur respiratoire

Son goût de miel en fait un breuvage très agréable. En médecine traditionnelle amérindienne, elle était utilisée pour guérir les affections de la sphère respiratoire.

Faites bouillir de l'eau. Mettez 1 cuil. à soupe de yerba santa dans un bol et versez l'eau par-dessus. Respirez les vapeurs humides pendant 10 min.

Offrande au Divin

La yerba santa est souvent utilisée en offrande sur les autels. Disposez-la simplement sur votre autel (voir page 158) en guise de présent pour le Divin.

PROPRIÉTÉS

Guérison et purification
Protection et établissement des limites et frontières pour la protection de soi
Développement et croissance
Émancipation et élévation
Libère de la souffrance émotionnelle
Amour et amour de soi

Formes d'utilisation

Parties aériennes sèches

Correspondances magiques

Éléments : Eau, Air
Soleil * Vénus * Féminité
Association minérale : jaspe océan

l'encens oliban

PROPRIÉTÉS

Dépression et anxiété
Augmente le taux vibratoire
Ouvre le chakra du 3e œil
et le chakra couronne
Amène la sacralité dans un lieu
Clairvoyance, divination
Méditation
Deuil

Formes d'utilisation

Parties aériennes sèches

VOS RITUELS DE MAGIE VERTE

Fumigation contre les énergies négatives et l'anxiété

La fumigation de la résine d'encens oliban (genre botanique *Boswellia*) originaire du Moyen-Orient (Arabie) est extrêmement puissante pour éloigner les énergies négatives et soulager la dépression et l'anxiété. Augmentant le taux vibratoire de tout ce qui est dans la pièce (vous y compris), l'encens oliban aide à cultiver la spiritualité et à ouvrir le 3e œil. Il favorise donc la méditation. En conséquence, il nous connecte aux mondes subtils, ce qui facilite la clairvoyance et la divination, et aide à la projection astrale. Il renforce aussi le pouvoir des sorts en magie.

Diffusion pour faire son deuil

Dans une période difficile de deuil familial, aidez-vous en confectionnant un mélange à parts égales avec de l'huile essentielle d'encens oliban et de néroli bigarade si la personne avait un lien filial avec vous, de rose de Damas si la personne était votre conjoint(e) ou de nard de l'Himalaya dans les autres cas.

Mélangez à 10 % dans un roll-on et appliquez sur le chakra du cœur quand vous en ressentez le besoin (maximum 5 fois par jour), ou diffusez ce mélange pendant 10 min avant de dormir. Peut-être aurez-vous une « visite » de votre défunt(e) ?

Fumigation de sacralisation d'un lieu

Pour amener une dimension sacrée dans un lieu, en quelque sorte ouvrir une porte vers les mondes subtils et invisibles, faites brûler un morceau de résine d'encens oliban sur un charbon ardent disposé dans un encensoir adapté. Cela peut être juste sur votre autel par exemple.

Avec des gants ignifuges, portez-le au fur et à mesure que vous délimitez l'espace sacré en marchant. Une fois fait, posez-le au milieu de cet espace et asseyez-vous à côté.

Dites ou pensez : « *Par cette fumigation d'encens, j'ai amené la sacralité dans ce lieu. Qu'il soit à présent l'espace idéal pour mes rituels et mes méditations.* » À la fin, ouvrez les portes et fenêtres pour aérer.

Rituels associés

OUVERTURE DES PERCEPTIONS EXTRASENSORIELLES, *page 97*

BAIN DE PROTECTION, *page 112*

BRUME AROMATIQUE « PLÉNITUDE MÉDITATIVE », *page 150*

FUMIGATION SYNERGIQUE ULTRAPUISSANTE, *page 154*

FUMIGATION D'ARMOISE ET SAUGE OFFICINALE, *page 160*

SONOTHÉRAPIE DES CHAKRAS AU BOL TIBÉTAIN, *page 178*

Correspondances magiques

Éléments : Air, Feu * Soleil

Signes du Zodiaque : Bélier, Lion, Sagittaire, Verseau

Association minérale : aventurine

Association végétale : lavande

la résine de myrrhe

PROPRIÉTÉS

Accompagnement de l'éveil spirituel
Harmonise le chakra du 3e œil
Agit aussi sur les chakras racine, sacré, de la gorge et couronne
Amplifie les capacités extrasensorielles
Nettoie les mauvaises énergies et augmente le taux vibratoire
Succès et abondance * Protection

Formes d'utilisation

Résine et huile essentielle

Correspondances magiques

Éléments : Air, Eau * Jupiter, Lune
Signes du Zodiaque : Verseau, Cancer, Scorpion
Association minérale : amétrine
Association végétale : rose

VOS RITUELS DE MAGIE VERTE

Fumigation extrasensorielle

La résine de myrrhe (genre botanique *Commiphora*) est idéale pour s'éveiller spirituellement car elle harmonise le chakra frontal, ce qui nous permet d'accéder à la Vérité. Amplifiant les capacités extrasensorielles, elle aide à se connecter aux esprits. En outre, elle équilibre, nettoie, purifie et augmente l'énergie vibratoire, pour attirer le succès et l'abondance dans nos vies, et la rend efficace dans les rituels de protection.

Fumigation de protection

Faites brûler de la résine de myrrhe sur un charbon ardent placé sur un encensoir posé au sol. Avec vos main, conduisez la fumée vers votre tête, puis votre cou, puis toutes les parties de votre corps, du haut vers le bas. Imaginez une bulle autour de vous, et dites ou pensez : « *Myrrhe, par ta médecine, j'utilise ta fumée pour me protéger de toutes les énergies néfastes et les entités malfaisantes. Aucune négativité ne peut désormais m'atteindre. Seule la positivité peut entrer dans ma bulle de protection. Gratitude.* »

Baume d'ouverture du 3e œil

Faites fondre au bain-marie 1 cuil. à soupe de cire d'abeille dans 60 ml d'huile d'olive. Ajoutez ensuite 3 gouttes d'huile essentielle de myrrhe et 3 gouttes d'huile essentielle de rose de Damas, puis 1 cuil. à café de très petites amétrines (quartz mêlant améthyste et citrine). Mélangez, versez dans un pot et laissez refroidir. Massez votre 3e œil avec ce baume lors d'une méditation pour ouvrir de ce chakra.

Rituels associés

OUVERTURE DES PERCEPTIONS EXTRASENSORIELLES, page 97
BAIN D'ÉLÉVATION SPIRITUELLE, page 119
OLFACTOTHÉRAPIE POUR SE FONDRE DANS L'ÉNERGIE UNIVERSELLE, page 151
FUMIGATION D'ARMOISE ET SAUGE OFFICINALE, page 160

la résine de benjoin

PROPRIÉTÉS

Purification d'entretien régulier
Nettoyage des énergies stagnantes d'un lieu ou d'une aura
Éloigne les entités néfastes
Purifie et pacifie le mental, éloigne les idées noires
Éveil spirituel, aide au pardon et à la miséricorde
Prospérité, joie

Formes d'utilisation

Résine

VOS RITUELS DE MAGIE VERTE

Fumigation contre les énergies négatives stagnantes

La résine de benjoin permet de retirer les énergies négatives stagnantes d'un espace (associé à la menthe poivrée par exemple), ce qui le purifie ou le sanctifie.

Elle est donc idéale si l'on souhaite se préparer un espace sacré.

Correspondances magiques

Élément : Air

Soleil * Masculinité

Signe du Zodiaque : Sagittaire

Association minérale : topaze

Association végétale : menthe poivrée

Spell jar de prospérité

Purifiez une petite fiole en verre à bouchon de liège en y insérant un bâton d'encens allumé pendant quelques secondes.

Mélangez 1 cuil. à café des ingrédients suivants : romarin, zeste d'orange, menthe poivrée, laurier, benjoin, genévrier, cannelle, basilic. Ce faisant, imaginez une pluie d'or couler sur vous.

Placez ce mélange dans la spell jar. Ajoutez 1 topaze et 1 feuille d'or (celles que l'on utilise en pâtisserie) tout en disant ou pensant : « *Que ce sort m'amène la prospérité dans tous les domaines et sous toutes les formes possibles.* », puis scellez à la cire verte.

Placez cette spell jar sur vous pendant la journée, et sous votre lit durant la nuit.

Encens des Rois mages

Mélangez à parts égales les résines d'encens oliban, de myrrhe et de benjoin, symbolisant les cadeaux des Rois mages, des sages spirituels, à l'Enfant Jésus : l'encens représente la Divinité, l'or (ici le benjoin) symbolise la Royauté, tandis que la myrrhe évoque la mortalité de l'homme.

Faites brûler cet encens dans tous les moments hautement symboliques de votre vie (mort, deuil, naissance, changement...).

Rituel associé

NETTOYAGE ÉNERGÉTIQUE D'ENTRETIEN, *page 69*

la résine de copal

PROPRIÉTÉS

Purifie et harmonise les chakras
du cœur et couronne
Améliore l'ancrage par un travail
sur les chakras racine et sacré
Base pour fabrication de mélanges d'encens
(synergise leur effet purificateur)

Formes d'utilisation

Résine

VOS RITUELS DE MAGIE VERTE

Fumigation extrasensorielle d'élévation spirituelle

Le copal sous forme de résine semi-fossilisée provient d'une espèce d'arbre éteinte d'Amérique centrale et du Sud, utilisée en fumigation rituelle par les autochtones. Choisissez du copal doré ou du copal noir, et méfiez-vous des produits falsifiés.

Sa fumigation amène la prospérité, la générosité, le bien-être et la paix dans nos vies. Elle rapproche notre plan physique des plans subtils. Sa fumée blanche permet d'envoyer nos prières au Divin et d'expanser notre conscience pour recevoir en retour les messages divins. Purifiante, elle éloigne les entités négatives. Seul, le copal est moyennement efficace mais constitue une bonne base pour un mélange avec d'autres encens, dont il amplifiera l'effet.

Rituel de prière

Ce rituel renforce les prières de demande et les prières de gratitude. Prononcez ou pensez votre prière tout en tenant un morceau de résine et 1 ambre dans vos mains.

Ensuite, brûlez la résine sur un charbon ardent et gardez l'ambre en main. Visualisez votre prière s'élevant dans la fumée vers l'Univers ou le Créateur.

Méditation d'ancrage

Faites brûler un morceau de résine de copal (avec de la cannelle si vous le souhaitez) sur un charbon ardent disposé dans un encensoir adapté posé au sol, idéalement en extérieur à même la terre.

Accroupissez-vous à côté et faites une méditation d'ancrage : visualisez des racines de couleur ambre sortir de votre corps et s'enraciner dans la terre, se mêlant à toutes les autres racines de plantes et d'arbres qui y sont déjà présentes.

Le bois de copal est issu d'espèces d'arbresdu genre *Bursera*, de la famille des Burséracées, à laquelle appartiennent aussi l'encens oliban et la myrrhe.

Il aide à travailler sur l'estime de soi, et améliore la concentration et la créativité. Il aide à entrer en connexion avec les êtres de la nature, en particulier les élémentaux. Son point commun avec la résine de copal est de faciliter l'ancrage et l'enracinement par les chakras du bas du corps, aidant ainsi les personnes déprimées.

Correspondances magiques

Élément : Feu

Soleil

Signes du Zodiaque : Bélier, Lion et Sagittaire

Association minérale : ambre

Association végétale : cannelle

le bois de santal

PROPRIÉTÉS

Spiritualité * Souhaits
Guérison * Protection
Paix, harmonie et sérénité

Formes d'utilisation

Bois, huile essentielle

VOS RITUELS DE MAGIE VERTE

Protection et guérison

On utilise souvent le bois de santal comme base d'encens pour la protection et la guérison, ainsi que dans divers rituels de Pleine Lune. En effet, lorsqu'il brûle, ce bois libère une vibration puissante qui aide à l'élévation spirituelle, mais stimule aussi l'ancrage et l'enracinement.

Correspondances magiques

Éléments : Air, Eau
Lune, Mercure, Vénus
Signes du Zodiaque : Cancer, Lion, Poissons, Verseau, Vierge
Associations minérales : lapis-lazuli et jaspe rouge
Association végétale : basilic

Brume sacrée de méditation et de connexion aux mondes subtils

Sous forme d'huile essentielle, le bois de santal nous aide à atteindre un état méditatif et à nous connecter à notre Moi supérieur, ainsi qu'aux plans subtils.
Dans 1 flacon de verre, réalisez un spray avec de l'eau et quelques gouttes d'huile essentielle de bois de santal. Secouez bien juste avant de pulvériser sur vos rideaux et vos coussins pour amener la protection et la spiritualité dans votre maison.

Fumigation de bois de santal

Guérisseurs et chamanes le brûlent traditionnellement pour ses vertus de purification et de guérison, qui le rendent particulièrement intéressant pour les séances de méditation, de prière, de yoga ou de guérison spirituelle (par exemple cercles de guérison ou rituels de médecine chamanique).
De façon similaire à la sauge blanche, les chamanes l'utilisent dans des rituels destinés à nettoyer le champ énergétique d'une personne de toute émotion négative (colère, jalousie, tristesse, rancœur…) et à en élever les vibrations.

Rituels associés

BAIN D'ÉLÉVATION SPIRITUELLE, page 119
SACHETS D'ANCRAGE ET DE SÉRÉNITÉ, page 138

le cèdre de l'Atlas

PROPRIÉTÉS

Force et courage
Crée un espace sacré
Enracinement par le chakra racine
Clarté mentale * Travail spirituel
Repousse la négativité * Paix et chance
Guérison et protection
Purification d'action moyenne, mais longue
Nettoyage d'entretien des lieux
Bonne base de mélanges

Formes d'utilisation

Bois, huile essentielle

VOS RITUELS DE MAGIE VERTE

Diffusion « force et courage »

Pour stimuler la force et le courage, diffusez 3 gouttes du mélange suivant : 2/3 d'huile essentielle de cèdre de l'Atlas et 1/3 d'huile essentielle de laurier.

Nouez un bandana autour de votre tête et dessinez un maquillage guerrier viking sur votre visage (vous en trouverez des modèles sur Internet).

Regardez-vous dans un miroir et dites ou pensez : « *Je suis fort(e) ! Je suis capable ! Je suis invincible !* ». Répétez ces mots jusqu'à ce que vous soyez convaincu(e).

Rituel associé

HUILE D'ENRACINEMENT.

page 139

Nettoyage énergétique d'entretien

Mélangez du bois de cèdre de l'Atlas avec de la résine de benjoin à parts égales.

Disposez 1 cuil. à café du mélange sur un charbon ardent dans un encensoir adapté. Avec des gants ignifuges, portez-le au fur et à mesure que vous marcherez dans votre maison, du bas vers le haut, dans chaque pièce, le long de chaque mur. Puis refaites le chemin en sens inverse.

Tout au long du nettoyage, imaginez la fumée s'accrocher aux énergies stagnantes et aux miasmes pour les déloger.

Après chaque pièce, ouvrez les fenêtres et les portes. À la fin, nettoyez tous les sols à grande eau, car la fumée, après s'être élevée, redescend pour se coller sur les sols.

Correspondances magiques

Éléments : Air, Eau, Feu, Terre
Jupiter, Mercure, Soleil
Signes du Zodiaque : Bélier, Sagittaire, Taureau
Associations minérales : lépidolite et hématite
Associations végétales : sauge blanche et sauge officinale

L'énergie vibratoire des

PIERRES ET CRISTAUX

Choisir et utiliser ses pierres

Qui n'a pas éprouvé un sentiment de merveilleux en entrant dans une boutique de gemmes et cristaux ? Le simple fait de les admirer et de les toucher commence déjà à nous faire profiter de leurs bienfaits vibratoires...

Choisir une pierre : sachez écouter votre instinct !

Chaque pierre possède ses propres caractéristiques, qui peuvent être judicieusement associées entre elles pour optimiser l'une ou l'autre de leurs propriétés en fonction de vos besoins. Elles peuvent nous aider sur des points très subtils ayant trait au physique, à l'émotionnel, au mental et au spirituel. Vous souhaitez renforcer votre ancrage ? Tournez-vous par exemple vers le jaspe rouge. Désirez-vous du soutien pendant vos séances de méditation ? L'améthyste sera un bon choix pour vous aider.

À chacun de vos besoins, même si cela peut vous paraître étrange ou difficile à expliquer, un cristal pourra vous apporter une réponse. C'est ce que vous découvrirez dans ce chapitre, mais aussi au fil des rituels nombreux et variés proposés dans ce livre.

Au moment de choisir une pierre, donc, laissez-vous guider par votre instinct : votre regard sera bientôt attiré par l'une d'elles, sans que vous sachiez pourquoi...

En réalité, cette pierre vient de vous appeler, et vous l'avez entendue : ne ressortez pas sans elle ! Renseignez-vous sur ses propriétés et ses utilisations, et vous découvrirez sûrement que c'est exactement *elle* qu'il vous faut, à ce moment précis...

Pierres brutes, roulées ou taillées

Une pierre brute est un cristal non travaillé, tel qu'il est sorti de terre.

Une pierre roulée est un cristal poli et lustré par action mécanique.

Une pierre taillée est taillée pour obtenir une forme géométrique.

D'une manière générale, les pierres roulées sont plus faciles à trouver que les pierres brutes, surtout si vous cherchez un minéral en particulier. Les bijoux, tels que les bracelets ou pendentifs, appelleront plus souvent des cristaux taillés.

Quoi qu'il en soit, lorsque vous trouvez le minéral qu'il vous faut, qu'il vous « appelle », peu importe qu'il soit brut ou taillé : son énergie vibratoire sera de toute façon bénéfique pour vous et vous aidera à travailler les points importants à l'instant T sur votre chemin de vie.

Profiter de leurs bienfaits...

Il existe de nombreuses façons de profiter de leurs bienfaits, lors de rituels, ou non : les porter sur soi, sous forme de bijou ou non, les réalisant des eaux de gemme ou élixirs (voir page ci-contre), les poser sur son bureau ou sur sa table de chevet, les associer à un bâton de fumigation, pendant des méditations, ou encore en les déposant sur les chakras concernés (voir page 85).

Vous pouvez aussi les inclure à une préparation incluant d'autres ingrédients : bain rituel, huile dynamisée, baume ou onguent, spell jar, sachet-médecine...

Eaux de gemme et élixirs de cristal

UNE EAU DE GEMME est de l'eau où l'on a fait « infuser » un cristal pour qu'il dynamise le breuvage par ses qualités vibratoires, en lui conférant ses propriétés particulières. En général, on la boit pour bénéficier des actions du cristal « de l'intérieur ».

UN ÉLIXIR DE CRISTAL est une eau de gemme additionnée d'un conservateur, en général de l'alcool fort (type cognac, vodka...). Mélangez à parts égales votre eau de gemme et l'alcool fort choisi.

Nous vous en proposons, au fil des pages suivantes, pour tous les cristaux qui supportent le contact de l'eau (et donc ce type de préparation).

ATTENTION : AVANT TOUTE UTILISATION, VÉRIFIEZ QUE VOTRE CRISTAL N'EST PAS TOXIQUE.

Certains cristaux (dont certains de ceux évoqués dans ce livre, comme l'hématite) ne peuvent pas s'utiliser en eau de gemme ni en élixir. Renseignez-vous systématiquement au moment d'acheter une pierre.

Les huiles dynamisées

Il s'agit d'une huile végétale additionnée de plantes et/huiles essentielles dont on augmente l'action en ajoutant divers cristaux judicieusement choisis selon leurs propriétés. L'idéal est de terminer par une lunarisation (exposition à la lumière lunaire toute une nuit lors d'une Pleine Lune).

Les spell jars (bouteilles de sorts)

Une spell jar (ou bouteille de sort, ou encore bouteille de sorcière) est la représentation physique d'un sort. La variété de recettes est infinie, puisqu'on peut les utiliser pour des sorts de protection, d'amour, d'abondance... Les « ingrédients » à y placer sont choisis en fonction de leurs propriétés (à découvrir largement dans ce livre) mais aussi de votre intuition. N'oubliez pas de placer votre intention dans la spell jar pendant que vous la confectionnez.

Gardez-la ensuite aussi longtemps que vous ressentirez le besoin qu'elle vous accompagne.

Purifier et recharger ses pierres

L'énergie universelle (appelée aussi *qi* ou *prânâ*), relie tout, anime tout ce qui est vivant et imprègne toute chose, les humains comme les cristaux. Les cristaux agissent comme des éponges qui absorberaient les énergies négatives émanant des personnes, des objets ou gravitant alentour. Il est donc indispensable, pour la majorité d'entre eux, de les débarrasser régulièrement de ces énergies négatives puis de les recharger énergétiquement.

Le nettoyage énergétique (ou purification)

Par fumigation

Fabriquez un bâton de fumigation maison (sauge officinale, romarin et/ou laurier) ; à défaut, procurez-vous un bâton tout prêt dans le commerce ou encore de l'encens.

Dans un moment où vous vous sentez bien enraciné(e) et serein(e), allumez votre bâton et déposez-le dans un abalone (coquille d'ormeau), ou allumez votre bâton d'encens et fixez-le dans un porte-encens. Faites passer vos pierres à travers la fumée plusieurs fois, sans oublier de laisser une porte ou une fenêtre ouverte pour l'évacuation de la fumée.

Visualisez toutes les énergies négatives « collées » au cristal s'en aller avec la fumée.

Terminez en nettoyant le sol, car certaines charges négatives y retombent et s'y accrochent.

Purifiez systématiquement un cristal que vous venez d'acquérir. Par la suite, faites-le si vous avez travaillé avec la pierre, ou encore si votre intuition vous le recommande. Parmi les méthodes de nettoyage possibles selon la pierre, choisissez celle qui vous convient le mieux, en suivant tout simplement votre intuition et votre ressenti.

Par l'eau

Ouvrez votre robinet et placez votre cristal sous l'eau courante (s'il supporte bien sûr le contact de l'eau). Vous pouvez aussi l'immerger plusieurs heures dans de l'eau de source.

Ayez bien en tête et en vous l'intention de le purifier : visualisez tout ce que vous souhaitez nettoyer sur le cristal s'évacuer avec l'eau dans la bonde.

> **ATTENTION** : certaines pierres ne supportent pas le contact de l'eau, par exemple les calcites, la célestine (ou célestite), l'angélite, la sélénite et la malachite (liste non exhaustive). Vérifiez toujours préalablement selon la pierre que vous utilisez.

Par enfouissement

Enfouissez votre cristal au moins 24 h dans du riz ou dans la terre (non détrempée), en contact direct avec elle (sauf si la pierre est montée en bijou avec du métal oxydable), voire entre les racines d'un végétal. Visualisez la terre absorber comme une éponge « dépurative » tout ce qui émane de négatif et de néfaste du cristal, le laissant propre comme un sou neuf.

> **ATTENTION** : le sel est quasiment toujours déconseillé (sauf pour l'obsidienne par exemple), car corrosif.

La purification et le rechargement des cristaux sont des rituels en soi, surtout si vous suivez le rythme des pleines lunes pour le faire. L'intention et l'ancrage sont primordiaux lors de ces moments privilégiés avec vous-même et avec l'Univers.

Visualisez des racines rouges sortir de vos plantes de pied et se fixer profondément dans le sol en dessous de vous. Ou diffusez une huile essentielle associée au chakra racine (gingembre, vétiver, cèdre de l'Atlas, bois de santal...).

Le rechargement énergétique

À la lumière lunaire

Lors d'une Pleine Lune, exposez vos cristaux à la lumière lunaire, derrière une fenêtre en extérieur sous abri, pendant toute la nuit, et cela même si le ciel n'est pas dégagé.Visualisez Dame Lune envoyer son énergie féminine yin à l'intérieur des amas cristallins pour en faire vibrer tous les atomes, et ainsi en augmenter le taux vibratoire.

Le matin, ramassez vos cristaux en disant à voix haute ou en pensant : « *Je suis plein(e) de gratitude pour toi, Dame Lune, pour avoir rechargé mes pierres de ta douce, mais solide énergie.* »

À la lumière solaire

Citrine, jaspe rouge, obsidienne et d'autres ont une affinité particulière avec les rayons solaires. Mais attention, toutes les pierres ne supportent pas ce traitement : vérifiez toujours préalablement !

Lors d'une journée ensoleillée (en évitant les heures où le soleil est au zénith), exposez vos pierres à la lumière solaire. Pour certaines pierres (comme la citrine), seule la lumière solaire douce est possible, au risque de changer la couleur du cristal ou de le ternir.

Visualisez le Soleil envoyer son énergie masculine yang à l'intérieur des amas cristallins pour en faire vibrer tous les atomes, et ainsi en augmenter le taux vibratoire.

Le soir, ramassez vos cristaux en disant ou en pensant : « *Je suis plein(e) de gratitude pour toi, Grand Soleil, pour avoir rechargé mes pierres de ta puissante, mais bienveillante énergie.* »

Dans une géode ou sur un amas cristallin

La géode est une structure naturelle fermée de forme plus ou moins sphérique ou ovoïde, à l'intérieur de laquelle se sont déposés des cristaux sur des milliers d'années. Les géodes sont en général brisées en deux, et vous pouvez en acquérir une moitié.

En lithothérapie, on utilise classiquement une géode de cristal de roche ou d'améthyste, mais il en existe aussi en célestine, citrine, malachite, labradorite, tourmaline...

Si vous n'en avez pas, réalisez un amas cristallin en améthyste ou en cristal de roche en plaçant les cristaux les uns à côté des autres sur une surface plane.

Posez vos cristaux à recharger au creux de la demi-géode ou sur votre amas cristallin. Visualisez une aura vibratoire émaner de la géode ou de l'amas cristallin en conférant à vos cristaux une énergie plus élevée.

Purifier et recharger vos pierres simultanément

Le bol chantant tibétain

Mettez vos cristaux, l'un après l'autre, à l'intérieur du bol et faites vibrer le métal en frottant le maillet contre les parois. Fermez vos yeux et ressentez les vibrations faire réagir toutes les molécules du cristal, ainsi que vos propres cellules. Suivez votre instinct pour déterminer la fin du processus : c'est le moment où vous vous sentirez comme allégé(e) d'un poids et soulagé(e) d'une tension, avec un sentiment de plénitude. Cela peut prendre de plusieurs secondes à quelques minutes.

La géométrie sacrée

Posez vos cristaux, pendant 24 h, sur l'une des formes de la géométrie sacrée (voir page 81), dessiné ou gravé sur un support, par exemple en bois ou en pierre.

Vous pouvez également utiliser une coquille Saint-Jacques : sa forme particulière dégage une puissante énergie positive et recharge énergétiquement tout ce qu'on y dépose.

Les cristaux et la géométrie sacrée

La géométrie sacrée englobe des formes esthétiques et symétriques créées par le Divin qui sont omniprésentes dans l'Univers, dans la Nature et dans l'environnement autour de nous. Elles confèrent beauté et harmonie à ce qui nous entoure et nous touche profondément.

Grâce à leurs très hauts taux vibratoires, elles dynamisent l'eau et permettent, de façon générale, de recharger énergétiquement ce que l'on y pose.

Elles constituent des supports de méditation efficaces, où l'on peut travailler avec des pierres, voire des plantes (voir page 84).

Elles peuvent aussi se porter en bijoux ou associées à des accessoires : certains collent des autocollants représentant une fleur de vie sur leurs téléphones et leurs ordinateurs portables pour combattre les ondes électromagnétiques que ces appareils émettent.

Chaque forme géométrique sacrée est universelle et crée sa propre énergie vibratoire, qui émane d'elle.

Cette énergie vibratoire dépend de la forme qui la génère ; on l'appelle « onde de forme ».

La graine de vie représente le commencement de toutes les créations sur Terre.

La fleur de vie, née de la graine de vie, symbolise la composition de tout ce qui est présent sur Terre.

Le Sceau de Salomon est une étoile constituée de deux triangles inversés aux branches entrelacées, et entourée d'un cercle.

Le cube de Métatron est l'une des formes les plus puissantes de la géométrie sacrée ; il protège et harmonise les énergies environnantes.

Le Sri Yantra (ou Sri Chakra) est issu des philosophies asiatiques.

La spirale dorée est caractérisée par le ratio d'or, dont la représentation la plus courante est la coquille de certains mollusques.

Les pentacles et pentagrammes

sont également des symboles vibratoires hautement dynamisants et harmonisants :

Le pentagramme est une étoile à 5 branches dont chaque branche correspond symboliquement à un élément : eau, terre, feu, air et esprit.

Le pentacle est un pentagramme inscrit dans un cercle ; le cercle est le symbole de l'infini et du lien qui unit tous les éléments du vivant entre eux.

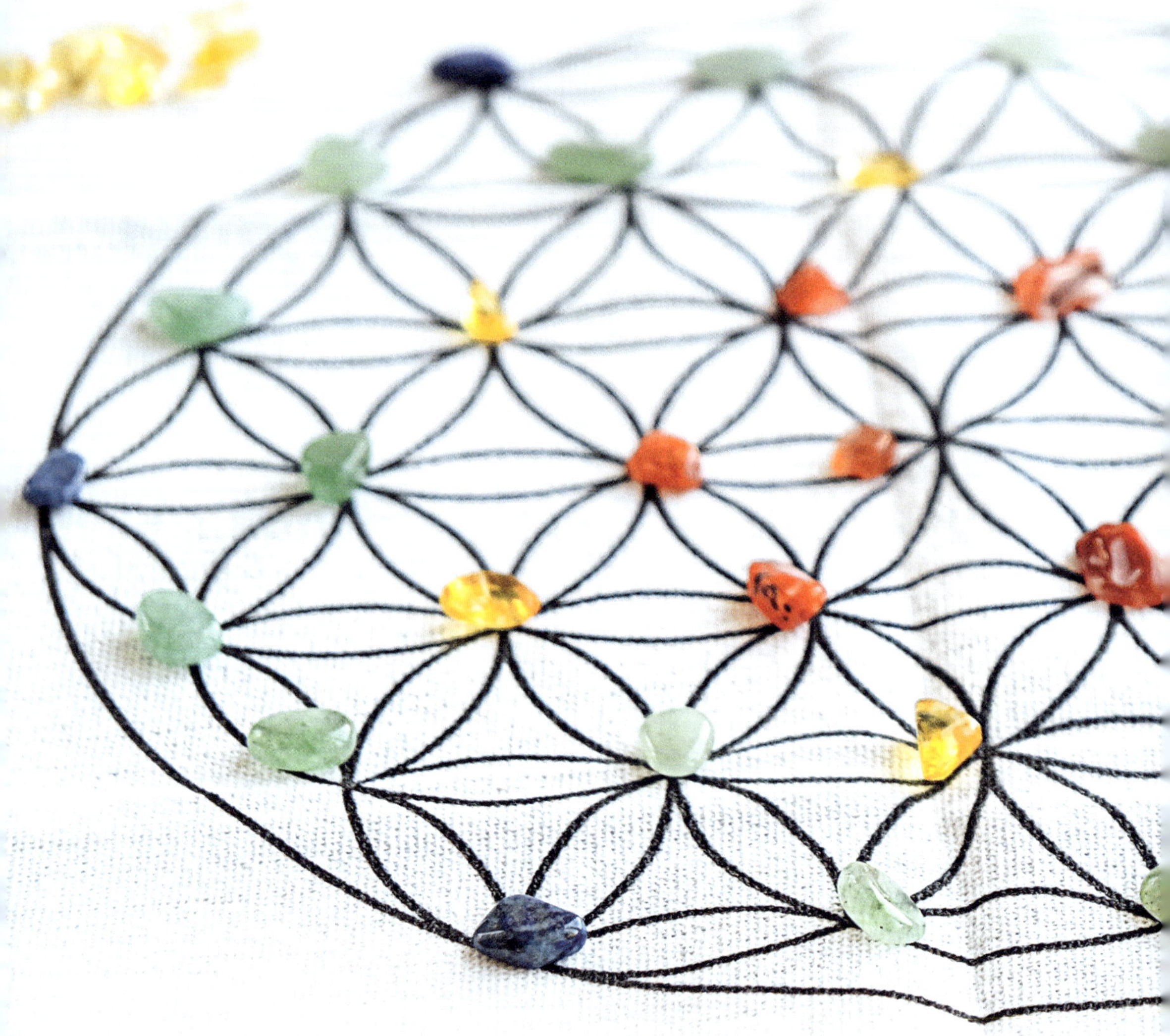

Les cercles de cristaux

Constituer un cercle de cristaux judicieusement choisis et taillés en pointe autour d'un objet, d'une personne ou d'un lieu permet d'utiliser l'énergie vibratoire globale des pierres pour cet objet ou personne se trouvant à l'intérieur. Cela peut être pour vous-même (autour de votre lit ou de votre tapis de yoga par exemple) ou pour une autre personne.

Disposer les pointes vers l'intérieur du cercle permet d'y engranger l'énergie, tandis que les diriger vers l'extérieur permet un déchargement énergétique.

La grille de cristaux ou grille de soin

On l'appelle encore matrice de pierres. C'est une façon bien particulière d'utiliser et de disposer différents cristaux en plusieurs exemplaires, en travaillant avec la géométrie sacrée sur un support bien précis afin qu'ils amplifient les énergies les uns des autres.

Ainsi, la grille de cristaux permet de générer une puissante énergie vibratoire qui travaillera sur une cible précise : un objet, une personne, un animal, un lieu ou un souhait que vous voulez voir réaliser.

En effet, une grille établie dans les règles de l'art dégage un taux vibratoire très élevé qui a un impact sur l'environnement autour d'elle : l'habitat, les objets, les personnes, les végétaux, les animaux.

Les rituels avec la grille de cristaux

Méditer en pleine conscience

La création d'une grille de cristaux permet de booster la créativité tout en déconnectant le mental, comme le fait un mandala.

Matérialiser vos intentions

Créer une grille de cristaux peut permettre de matérialiser vos intentions, aspirations et souhaits, si tant est que vous choisissiez vos cristaux judicieusement.

Construisez votre grille de soin à l'endroit même où elle est destinée à rester pour dispenser au mieux son énergie (une fois finalisée, il ne faudra plus la déplacer).

Placez d'abord la pierre principale (la plus grosse) au centre, puis disposez les pierres assistantes dans la zone intermédiaire, et enfin sur le périmètre le plus extérieur.

Disposez vos pierres sur la fleur de vie de façon harmonieuse, symétrique et géométrique. Ce faisant, visualisez que vous installez vos intentions précises à l'intérieur de la grille. Souhaitez-vous faire entrer l'abondance dans votre vie ? Trouver l'amour ? Découvrir votre mission de vie ? Vous pouvez le penser ou le dire à voix haute, par exemple : « *Je dépose une* (NOM DU CRISTAL) *dans le but de* (INTENTION). » Répétez cette phrase autant de fois que vous avez de cristaux à déposer.

Vous pouvez aussi placer sur votre grille des petits objets, des phrases ou des symboles en lien avec votre intention, et qui ont du sens pour vous.

Purifier et élever les vibrations

Elle peut aussi purifier énergétiquement le lieu d'habitation, tout en chassant les énergies néfastes et en augmentant ses vibrations. Réel générateur passif d'une puissante purification, elle transforme votre habitat de façon permanente en zone totalement isolée des influences extérieures négatives, qui recharge vos batteries et vous protège tel le cocon de la chenille.

Harmoniser les chakras par les pierres

Pierres et cristaux sont des alliés puissants de vos rituels, mais aussi de l'équilibrage des chakras. Chaque minéral possède ses spécificités, du fait de sa composition chimique, de sa structure cristalline et de sa couleur. Les pierres et cristaux ont donc des propriétés propres à chacun(e) et permettent de travailler sur les corps physique, mental, émotionnel et spirituel. Chaque chakra étant associé à une couleur, on choisira préférentiellement les cristaux des couleurs correspondantes pour les énergiser et les équilibrer.

Mise en place des pierres de soin

Allongez-vous dans un lieu calme et paisible.
Dans l'ordre précis détaillé ci-dessous, posez :

un jaspe rouge sur votre chakra racine
Il vous aide à vous ancrer et à faire redescendre les énergies excédentaires présentes dans la partie haute de votre corps.

une cornaline sur votre chakra sacré
Cette pierre traite tous les déséquilibres de ce chakra, tant vers l'avant que vers l'arrière, et le dynamise.

une citrine sur votre plexus solaire
C'est une pierre de réconfort qui apporte l'abondance et aide à prendre des décisions.

une malachite sur votre chakra du cœur
Elle favorise l'équilibre physique et aide à la méditation.

une azurite sur votre chakra de la gorge
Elle favorise la créativité.

un lapis-lazuli sur votre chakra du 3e œil
Pierre de résistance mentale, elle favorise la relaxation et aide à développer les facultés psychiques.

une améthyste sur votre chakra coronal
Elle amplifie l'énergie des autres cristaux et est bénéfique pour la protection générale et l'équilibre de tous nos corps.

Méditation d'harmonisation

Diffusez en toile de fond une méditation guidée d'harmonisation des chakras (disponible sur Internet). Il s'agit de sons du solfège sacré, à des fréquences différentes et précises qui harmonisent chaque chakra (par exemple 396 Hz pour le chakra racine, 963 Hz pour le chakra couronne...).

Réalisez la méditation guidée. Ensuite, lorsque vous ressentez que c'est bon pour vous, retirez les cristaux un par un en commençant par celui du chakra racine, en suivant l'ordre dans lequel vous les avez déposés.

À SAVOIR

Porter une pointe de cristal de roche décale l'aura dans le sens de celle-ci. Optez donc de préférence pour un cristal brut (non taillé), ou en taille douce et arrondie, mais pas en pointe.

Le cristal de roche

Association végétale : romarin

Nettoyage : eau, fumigation (bâton ou encens) ou enfouissement.

Rechargement : lumière lunaire ou solaire, ou géode de cristal de roche.

Nettoyage et rechargement simultanés : bol tibétain ou géométrie sacrée.

PROPRIÉTÉS

Également appelé quartz blanc, le cristal de roche est la plus polyvalente des pierres en lithothérapie. D'usage universel, il peut servir à de très nombreux rituels (notamment de purification) en vous assistant ou en amplifiant les actions d'autres pierres.

Il aide à travailler sur tous les chakras et sur toutes les couches de l'aura, en fonction de l'intention que l'on y met. Il canalise et amplifie toutes les énergies qu'il rencontre, qu'elles soient négatives ou positives. N'oubliez donc pas de le purifier après chaque utilisation !

Il soutient la méditation et nous réénergise quelle que soit la situation ; pour équilibrer son effet, utilisez-le en duo avec une pierre d'ancrage (comme alors le jaspe rouge).

RITUEL

Élixir de cristal de roche

Cet élixir potentialise l'action des autres élixirs (de cristaux et floraux), mais aussi de la phytothérapie, de l'aromathérapie, de l'homéopathie... Augmentant l'énergie vitale, il stimule la guérison et nous relie à notre intuition.

Préparez cet élixir en suivant la recette de la page 73. Prenez-en 30 gouttes tous les soirs sauf le dimanche, pendant 21 jours.

Rituels associés

DYNAMISATION DU ROMARIN, *page 36*

BAIN NETTOYANT, *page 114*

ONGUENT FLEURI POUR INVITER LA RÉUSSITE, *page 132*

BRUME AROMATIQUE « PLÉNITUDE MÉDITATIVE », *page 150*

FUMIGATION SYNERGIQUE ULTRAPUISSANTE, *page 154*

La sélénite

Association végétale : foin d'odeur

Nettoyage : fumigation (bâton ou encens) ou enfouissement.

Rechargement : lumière lunaire ou solaire, ou géode de cristal de roche.

Nettoyage et rechargement simultanés : bol tibétain ou géométrie sacrée.

ATTENTION : la sélénite est une pierre fragile qui ne supporte ni l'eau ni le sel et qui se casse facilement si elle tombe à terre

PROPRIÉTÉS

Forme cristallisée de gypse, la sélénite est généralement blanche ou transparente.

Associée au chakra coronal, elle nous soutient émotionnellement et spirituellement en cas d'abus, notamment de harcèlement.

Elle attire la lumière, réfléchit l'éclat du soleil et incarne l'énergie dynamique et créative du feu : par cette capacité, elle nous aide à « briller de l'intérieur », à ressentir pleinement que nous sommes une source de lumière et que nous sommes des êtres multidimensionnels.

Elle contribue à renforcer notre énergie vitale afin que notre Lumière intérieure non seulement nous nourrisse, mais aussi illumine et fasse vibrer les autres.

Tenez-la entre vos mains lors de la réalisation d'une méditation d'ancrage et d'enracinement.

RITUELS

Élixir de sélénite

Il amène le courage, le lâcher-prise, la détente et l'espoir. Il est particulièrement efficace pour ramener la joie de vivre.

Préparez cet élixir en suivant la recette de la page 73. Prenez-en 30 gouttes tous les soirs sauf le dimanche, pendant 21 jours.

Méditation des 3 cristaux et 3 chakras

Diffusez un fond sonore enregistré en pleine nature, où l'on entend par exemple des oiseaux, de la pluie, une cascade, un orage ou encore du vent dans les arbres. Habillez-vous de blanc et allongez-vous sur une couverture ou un drap blanc.

Commencez par placer 1 pierre de lune sur votre chakra sacré : elle stimule la féminité, la sensualité, la beauté, l'intuition et la patience.

Déposez ensuite 1 sélénite sur votre chakra du cœur : elle vous aidera à rétablir l'équilibre énergétique de tout votre corps et installera en vous une sérénité intérieure propice à l'élévation spirituelle et à la méditation.

Terminez en posant 1 angélite sur votre chakra du 3e œil, afin d'augmenter vos chances de rencontrer des énergies angéliques durant votre méditation.

La pierre de lune

Association végétale : achillée millefeuille

Nettoyage : eau, fumigation (bâton ou encens) ou enfouissement.

Rechargement : lumière lunaire.

Nettoyage et rechargement simultanés : bol tibétain ou géométrie sacrée.

PROPRIÉTÉS

La pierre de lune est une variété de feldspath provenant d'Inde et pouvant présenter différentes couleurs.

Elle est en correspondance avec le chakra sacré, et permet donc d'apaiser les émotions et de libérer les blocages.

Fortement liée à la Femme, elle exerce une action positive sur le cycle menstruel, les douleurs menstruelles, le syndrome prémenstruel et l'accouchement.

Elle est bénéfique aux personnes hypersensibles, dont elle favorise l'intuition et les perceptions extrasensorielles.

Elle accompagne harmonieusement les fins de cycles, les nouveaux départs et les voyages. Elle permet d'accéder à la sagesse, à la compassion, à la bienveillance, au calme intérieur et à la confiance en soi.

RITUELS

Élixir de pierre de lune

La pierre de lune étant liée à la Femme et à la Mère, cet élixir est d'une grande aide lorsqu'on souhaite travailler sur des nœuds émotionnels dans les relations que l'on a avec celle-ci. Il soutient notre sensibilité de façon à ce qu'elle soit une force, et non une faiblesse.

Préparez cet élixir en suivant la recette de la page 73. Prenez-en 30 gouttes tous les soirs sauf le dimanche, pendant 21 jours.

Douche de lune

La pierre de lune est une pierre de féminité qui active les énergies yin et purifie tous les chakras.

- Glissez-en une dans votre gel douche (sans savon) et laissez-la dedans jusqu'à ce que le flacon soit vide. Pendant votre douche, visualisez la Lune vous nimber d'une douce énergie féminine revitalisante depuis la pierre de lune du flacon.

Rituels associés

BAUME LUNARISÉ À L'ACHILLÉE MILLEFEUILLE, *page 13*

RITUEL PURIFIANT DES LUNES *page 35*

MÉDITATION DES 3 CRISTAUX ET DES 3 CHAKRAS, *page 87*

BAIN DE RÉGÉNÉRATION, *page 115*

Rituel associé

HUILE « SOLEIL INTÉRIEUR »,
page 142

La citrine

Association végétale : citron

Nettoyage : eau, fumigation (bâton ou encens) ou enfouissement.

Rechargement : lumière lunaire ou solaire (2 ou 3 h au soleil du début ou fin de journée).

Nettoyage et rechargement simultanés : bol tibétain ou géométrie sacrée.

PROPRIÉTÉS

Cette pierre ne conserve jamais en elle d'énergies négatives, mais permet au contraire de les dissiper et de les transformer en énergie positive.

Liée au chakra du plexus solaire, la citrine stabilise notre état émotionnel, amplifie notre énergie physique, mentale et spirituelle, diminue le sentiment de peur et augmente notre capacité à nous concentrer mentalement.

Elle nous aide à affirmer notre volonté et à atteindre nos buts. Elle nous encourage à regarder vers l'avenir et nous promet qu'il sera florissant, empli de nouveaux commencements. Elle nous pousse à sortir de notre carapace pour nous ouvrir au monde extérieur, tout en nous amenant à définir les limites de notre intériorité. les relations aux autres et l'estime de soi.

RITUELS

Élixir de citrine

Il favorise la confiance en soi, assouplit le mental et le clarifie et aide à rester concentré(e) longtemps. Il harmonise le chakra du 3e œil et le chakra du plexus solaire.

Préparez cet élixir selon la recette de la page 73. Prenez-en 30 gouttes tous les soirs sauf le dimanche, pendant 21 jours.

Remplir son aura de lumière

Les praticiens confirmés l'utilisent pour remplir l'aura de Lumière. Voici comment procéder de votre côté.

- Déposez une citrine sur votre lieu de travail, à un endroit où vous pouvez la voir (sur votre bureau ou une étagère proche, par exemple). La citrine travaillant sur le chakra du plexus solaire, vous pouvez aussi la porter en sautoir, de la longueur adéquate pour que la pierre repose au bon endroit. Par ces deux méthodes associées, vous bénéficierez de son énergie solaire, qui rayonnera et illuminera toutes les couches de votre aura. Visualisez un petit, mais puissant soleil lumineux qui vous communique sa joie de vivre et son excitation d'« être », tout simplement.

Soin de Gaïa pour les travailleurs de Lumière

- Placez 1 citrine sous votre oreiller.
- Au moment de vous endormir, pensez : « *Gaïa, mon double astral se met à ton service cette nuit. Appelle-moi là où tu auras besoin de toi, je t'aiderai du mieux que je peux.* » Visualisez que vous guérissez et pansez notre chère Terre-Mère, que vous préservez les plantes et les animaux, que vous aidez notre planète à élever ses vibrations.

La cornaline

Association végétale : camomille

Nettoyage : eau, fumigation (bâton ou encens) ou enfouissement.

Rechargement : lumière solaire ou lunaire.

Nettoyage et rechargement simultanés : bol tibétain ou géométrie sacrée.

PROPRIÉTÉS

Cette agate de couleur rouge orangé est doublement liée aux chakras sacré et du cœur. Par l'énergie de feu qu'elle dégage, la cornaline est réconfortante, encourageante, stabilisante, et stimule l'énergie de celui qui la porte. Portez-la en bijou à même la peau pour soutenir votre équilibre psychoémotionnel et/ou spirituel, voire une guérison psychoémotionnelle.

Elle est idéale si vous devez prononcer un discours, car elle soutient l'inspiration, la mémorisation, l'estime de soi et le pouvoir personnel. Pierre de protection, elle évite aussi les intrusions télépathiques dans vos pensées. C'est une alliée de choix pour vous accompagner sur votre chemin spirituel. Elle vous aide à comprendre les raisons émotionnelles de départ qui créent certaines affections psychosomatiques.

RITUELS

Élixir de cornaline

Il amène la souplesse mentale et améliore nos relations à l'autre avec plus de patience et de compréhension. Il nous aide à travailler sur les noeuds affectifs et favorise l'expérimentation de l'amour inconditionnel. Il est idéal quand on travaille en équipe ou en cas de situation à haute charge émotionnelle.

Préparez cet élixir en suivant la recette de la page 73. Prenez-en 30 gouttes tous les soirs sauf le dimanche, pendant 21 jours.

Massage « coup de fouet »

La cornaline ramène vitalité et énergie, augmente le courage, améliore l'humeur et la stabilité et tonifie les reins (source de l'énergie primordiale en médecine chinoise). Elle synergise ici des huiles essentielles partageant ces mêmes propriétés.

Dans 30 ml d'huile de jojoba, diluez 10 gouttes d'huile essentielle d'épinette noire, 10 gouttes d'huile essentielle de pin sylvestre et 10 gouttes d'essence d'orange douce bio. Ajoutez 1 cornaline et mélangez. Visualisez un tigre de feu prendre place dans le flacon, conférant sa vitalité et son énergie. Exposez le flacon au soleil et laissez infuser 24 à 48 h.

Massez vos reins (milieu du dos, de part et d'autre de la colonne vertébrale) avec quelques gouttes du mélange quand vous vous sentez « au bout du rouleau » ou « à côté de la plaque », physiquement, mentalement et/ou émotionnellement, quand vous êtes dans une « grosse » période ou encore en convalescence de burn-out.

Pour optimiser l'effet, portez une cornaline dans votre poche (donc proche des chakras racine et sacré) pendant toute la période où vous en ressentirez le besoin.

Rituels associés

POT-POURRI POUR LA CRÉATIVITÉ, *page 43*

HUILE LUNARISÉE TONIFIANTE ET HARMONISANTE, *page 140*

La calcite orange

Association végétale : orange

Nettoyage : fumigation (bâton ou encens) ou enfouissement.

Rechargement : lumière solaire ou lunaire.

Nettoyage et rechargement simultanés : bol tibétain ou géométrie sacrée.

ATTENTION : ne la nettoyez pas à l'eau.

PROPRIÉTÉS

Cristal idéal pour les indépendants et les entrepreneurs, la calcite apporte l'inspiration et le dynamisme, équilibre l'état émotionnel et apaise les peurs. Elle aide à faire sauter les obstacles et les blocages dans la concrétisation et la réussite des projets, tant au niveau professionnel que financier.

Rituels associés

POT-POURRI POUR LA CRÉATIVITÉ, *page 43*

HUILE RAYONNANTE DE PRÉSENCE FÉMININE, *page 141*

L'opale de feu

Association végétale : millepertuis

Nettoyage : fumigation (bâton ou encens) ou enfouissement.

Rechargement : lumière lunaire.

Nettoyage et rechargement simultanés : bol tibétain ou géométrie sacrée.

ATTENTION : ne la nettoyez pas à l'eau.

PROPRIÉTÉS

Cette variété d'opale à l'aspect feu est depuis longtemps un symbole d'espoir. Elle tire ses pouvoirs du Soleil, de la Lune et du Feu. Elle possède une grande énergie et nous apprend à maîtriser la puissance de la force de vie.

Elle est utilisée pour contrer la stagnation et aide à visualiser de nouvelles réalités de l'existence. Elle nous aide à nous diriger vers un nouveau monde, soutient notre vitalité spirituelle et l'ensemble de nos facultés extrasensorielles.

Liée au chakra frontal (dit du 3e œil), elle booste notre intuition ainsi que notre perspicacité, et favorise l'état méditatif.

RITUEL

Fumigation dynamisante

L'opale de feu agit notamment sur le chakra sacré en éveillant notre feu intérieur.

- Purifiez-la dans la fumée d'un bâton de fumigation au millepertuis, puis portez-la dans votre poche pour amplifier son action sur le chakra sacré tout proche.

Le jaspe rouge

Association végétale : jasmin

Nettoyage : eau, fumigation (bâton ou encens) ou enfouissement.

Rechargement : lumière lunaire ou solaire.

Nettoyage et rechargement simultanés : bol tibétain ou géométrie sacrée.

PROPRIÉTÉS

Il s'agit d'une variété de calcédoine opaque. On dit de ce cristal d'ancrage et de protection qu'il est porteur de nombreuses bénédictions.

Lié au chakra racine, il contribue à nous harmoniser avec l'énergie de la Terre-Mère en nous procurant une énergie positive d'ancrage. Il équilibre le yin et le yang dans notre corps, ainsi que notre aura.

Il peut aussi stimuler et clarifier les pensées et le mental, pour trouver l'équilibre dans le monde physique. Excellente pierre de radiesthésie, il aide enfin à mieux supporter la solitude, à atteindre ses objectifs et à garder le moral.

RITUEL

Élixir de jaspe rouge

Le jaspe est une pierre qui supporte l'eau et qui peut servir à réaliser une eau de gemme que vous pourrez boire en la plaçant dans l'eau pendant 24 h. Il est même possible de la laisser à la lueur de la Pleine Lune pendant toute la nuit. Travaillant sur l'ancrage, son élixir apaise les personnes qui sont « dans tous leurs états » et les victimes de burn-out. Il aide à se relever et à faire face aux épreuves de la vie.

Préparez cet élixir en suivant la recette de la page 73. Prenez-en 30 gouttes tous les soirs sauf le dimanche, pendant 21 jours.

Rituels associés

ONGUENT FLEURI POUR INVITER LA RÉUSSITE, *page 132*

BOUGIE D'ÉQUILIBRAGE YIN & YANG, *page 134*

HUILE D'ENRACINEMENT, *page 139*

L'œil-de-tigre

Association végétale : cannelle

Nettoyage : eau, fumigation (bâton ou encens) ou enfouissement.

Rechargement : lumière solaire.

Nettoyage et rechargement simultanés : bol tibétain ou géométrie sacrée.

PROPRIÉTÉS

L'œil-de-tigre est une pierre de la famille des quartz, d'aspect chatoyant évoquant l'œil du fauve dont il tire son nom.

On l'utilisait autrefois sous forme d'amulette contre le mauvais œil, les entités malfaisantes et les mauvais sorts.

Favorisant le courage et la détermination, l'œil-de-tigre est bénéfique aux personnes introverties. Il aide à l'ancrage et à l'équilibre, apaise les peurs, la dépression et la négativité. Il amplifie aussi l'intuition et les capacités extrasensorielles ; il est d'ailleurs particulièrement intéressant pour la guérison à distance par le biais de la méditation. On le classe d'ailleurs aussi dans la catégorie des « pierres de réconfort ».

RITUELS

Élixir d'œil-de-tigre

Il harmonise le chakra racine, amenant plus de stabilité. Il permet aussi d'élaborer des critiques constructives et d'améliorer nos capacités de discernement.

Préparez cet élixir en suivant la recette de la page 73. Prenez-en 30 gouttes tous les soirs sauf le dimanche, pendant 21 jours.

Protection

Près de votre porte d'entrée, l'œil-de-tigre repoussera les personnes aux intentions négatives. Pour renforcer son effet, vous pouvez l'associer à de l'armoise, du millepertuis, de l'origan, du romarin ou encore du calendula (souci).

Rituels associés

POT-POURRI DE PROTECTION, *page 42*

HUILE D'ÉNERGISATION DE L'AURA « TIGRITUDE DU TIGRE », *page 143*

SPELL JAR « CHASSE-DIABLE », *page 165*

Le quartz rose

Association végétale : rose

Nettoyage : eau, fumigation (bâton ou encens) ou enfouissement.

Rechargement : lumière lunaire ou solaire.

Nettoyage et rechargement simultanés : bol tibétain ou géométrie sacrée.

PROPRIÉTÉS

Le quartz rose est la pierre de l'Amour inconditionnel de soi et des autres, de la générosité et du chakra du cœur.

Il possède des vertus calmantes sur les peines de cœur (ruptures, trahisons, deuils…) et aide à guérir les blessures émotionnelles par la libération des émotions, en particulier celles qui datent de l'enfance, ou si elles sont vécues par un enfant.

Il aide à gérer les crises, la colère et les peurs, en les transformant en compréhension et en pardon.

Promoteur de renouveau, il est parfait pour soutenir l'énergie féminine et amplifier la créativité artistique.

RITUELS

Élixir de quartz rose

Il travaille sur le chakra du cœur, amenant à expérimenter le pardon, la tolérance, la compassion et l'Amour universel. Il aide à exprimer ses sentiments tout en harmonisant les relations et équilibre les émotions en douceur.

Préparez cet élixir en suivant la recette de la page 73. Prenez-en 30 gouttes tous les soirs sauf le dimanche, pendant 21 jours.

Eau d'amour

Le quartz rose est très intéressant à utiliser en immersion dans l'eau de boisson pour lui conférer sérénité, douceur et amour.

- Dans une carafe d'eau en verre, placez un gros quartz rose (si possible en forme de cœur) préalablement nettoyé, avec l'intention qu'il apporte douceur et amour à toute personne qui boira ce breuvage dynamisé.

Cette version non alcoolisée de l'élixir conviendra particulièrement aux enfants.

Rituels associés

ÉLIXIR PRÉCIEUX À LA ROSE, *page 39*

PHILTRE DE PASSION AMOUREUSE, *page 45*

BAIN POUR L'AMOUR DE SOI, *page 116*

ONGUENT FLEURI POUR INVITER LA RÉUSSITE, *page 132*

HUILE LUNARISÉE TONIFIANTE ET HARMONISANTE, *page 140*

LAIT CORPOREL D'AMOUR ENVOÛTANT, *page 144*

BOUGIE DE TRAVAIL AVEC LES FEMMES DE SA LIGNÉE, *page 176*

L'améthyste

Association végétale : armoise

Nettoyage : eau, fumigation (bâton ou encens) ou enfouissement.

Rechargement : lumière lunaire.

Nettoyage et rechargement simultanés : bol tibétain ou géométrie sacrée.

PROPRIÉTÉS

Cette variété de quartz est classiquement de couleur mauve-violet.

L'améthyste se prête à de nombreux usages, par exemple dans le cadre de rituels de purification (voir ci-contre).

Associée au chakra coronal qu'elle active, elle amplifie l'énergie et l'action des autres cristaux. Garante d'une protection générale, elle est équilibrante des corps physique, émotionnel et mental. Elle calme le débordement émotionnel, stimule la positivité, et amène la paix et la sagesse intérieures. Outil traditionnel de méditation, l'améthyste élève les vibrations de l'aura et favorise tant l'intuition que le développement des capacités extrasensorielles.

Placez-la sous forme de géode dans une pièce pour en apaiser l'atmosphère ; vous pourrez aussi y recharger vos cristaux en les déposant dans son creux (voir page 77).

L'améthyste activant le chakra coronal, veillez à rester toujours bien enraciné(e) pour ne pas déséquilibrer le flux énergétique vers le haut de votre corps : faites une méditation d'ancrage avant de l'utiliser, ou diffusez une huile essentielle associée au chakra racine (gingembre, vétiver, cèdre de l'Atlas, bois de santal...).

RITUELS

Élixir d'améthyste

Similaire à l'élixir d'urgence du Dr Bach, il aide dans toute situation de traumatisme difficile à surmonter. Harmonisant les chakras du haut du corps, il nous relie aux plans immatériels et nous aide au sommeil.

Préparez cet élixir en suivant la recette de la page 73. Prenez-en 30 gouttes tous les soirs sauf le dimanche, pendant 21 jours.

Fumigation de purification

- Récoltez de l'armoise en fleurs pendant l'été, ou achetez de l'armoise séchée.
- Faites un fagot d'environ 3 cm d'épaisseur et 25 cm de longueur et nouez le tout avec une cordelette en coton non traité.

Glissez sous le fil une améthyste (nettoyée et rechargée) en bas du bâton de fumigation : le cristal va dynamiser la plante et en augmenter les actions.

Allumez le bâton par le haut et utilisez-le pour purifier une personne ou un lieu, en dispersant sa fumée avec un éventail ou une plume de fumigation. Ouvrez les fenêtres pour évacuer les miasmes nettoyés.

Rituels associés

BAIN POUR RÊVER, *page 118*

BOUGIE D'ÉQUILIBRAGE YIN & YANG, *page 134*

OLFACTOTHÉRAPIE POUR SE FONDRE DANS L'ÉNERGIE UNIVERSELLE, *page 151*

SPELL JAR « CHASSE-DIABLE », *page 165*

La fluorite

Association végétale : lavande

Nettoyage : eau, fumigation
(bâton ou encens) ou enfouissement.

Rechargement : lumière lunaire.

Nettoyage et rechargement simultanés :
bol tibétain ou géométrie sacrée.

PROPRIÉTÉS

La fluorite (ou fluorine) peut fondre (son nom vient du latin fluere, « fondre »). Elle sert de base pour fondre les minéraux, dont elle abaisse le point de fusion en leur conférant une meilleure fluidité.

Cette aptitude à se transformer et à « se fondre » dans d'autres cristaux est l'enseignement de la fluorite : elle est capable de se transcender pour devenir quelque chose de plus grand qu'elle-même. Par extension, la fluorite aide à sortir de nos propres autolimitations et à intégrer l'information pour transcender celui ou celle que nous sommes *ici* et *maintenant*, et ainsi nous donner une nouvelle perspective.

Ce faisant, la fluorite libère de la stagnation, soutenant la guérison, l'équilibre, l'expansion et l'unité universelle.

Liée au 3e œil, elle aide enfin à focaliser l'esprit et favorise la concentration.

RITUELS

Élixir de fluorite

Il permet d'équilibrer les troubles affectifs liés à la petite enfance, que l'on soit encore enfant ou déjà adulte. Il apaise l'anxiété et les trop-pleins émotionnels. Il favorise la réception des énergies de la Terre.

Préparez cet élixir en suivant la recette de la page 73. Prenez-en 30 gouttes tous les soirs sauf le dimanche, pendant 21 jours.

Stabilisation de l'aura

- Allongez-vous pour méditer (faites la méditation de votre choix) et posez une fluorite sur chacun de vos 7 chakras (il vous faudra donc 7 fluorites en tout) .
- Cela stabilisera la structure, le positionnement et le rayonnement de votre aura

Rituels associés

BRUME ÉMOTIONNELLE, *page 146*

BOUGIE DE TRAVAIL AVEC LES FEMMES DE SA LIGNÉE, *page 176*

Le lapis-lazuli

Association végétale : bois de santal

Nettoyage : eau, fumigation
(bâton ou encens) ou enfouissement.

Rechargement : lumière lunaire, voire solaire si peu puissante (début et fin de journée).

Nettoyage et rechargement simultanés : bol tibétain ou géométrie sacrée.

PROPRIÉTÉS

Pierre sacrée des pharaons égyptiens, le lapis-lazuli était considéré comme l'âme des dieux, transférant certains dons divins à ceux qui le portaient. Prêtres, magiciens et chamanes de nombreuses cultures l'ont utilisé pour renforcer leurs pouvoirs spirituels.

Le lapis-lazuli est propice à l'introspection. Il soutient la clarté et la maturité spirituelles, la sagesse, la compassion, la force mentale, et il permet également d'équilibrer les énergies vitales.

Il aide à développer une identité centrée sur la spiritualité, ainsi qu'une force de volonté. Il éveille la connexion avec notre Conscience supérieure.

Renforçant la mémoire, le lapis-lazuli peut être porté en boucles d'oreilles pour augmenter ses bienfaits.

En plus du chakra du 3e œil auquel il est principalement lié, il harmonise aussi le chakra de la gorge.

Rituels associés

SACHET-MÉDECINE CONTRE LES CAUCHEMARS, *page 36*

INFUSION « CLAIRVOYANCE », *page 149*

RITUELS

Élixir de lapis-lazuli

Il repose le mental en cas de surmenage, tout en amenant la positivité. Il amplifie la sociabilité et la créativité, et harmonise le chakra de la gorge.

Préparez cet élixir en suivant la recette de la page 73. Prenez-en 30 gouttes tous les soirs sauf le dimanche, pendant 21 jours.

Ouverture des perceptions extrasensorielles

Mélangez 30 ml d'huile de sésame avec 5 gouttes de chacune des huiles essentielles suivantes : encens oliban, myrrhe, nard de l'Himalaya et pruche. Ajoutez un lapis-lazuli et laissez infuser 24 à 48 h.

Lorsque vous vous sentirez prêt(e), passez en fond sonore une méditation sonore d'harmonisation (voir page 85) avec un son à 852 Hz pour activer la glande pinéale (notre 3e œil) puis à 963 Hz pour harmoniser le chakra couronne.

Allumez 1 bougie violette devant 1 grosse pointe de lapis-lazuli. Oignez la pulpe de votre index de votre huile aromatique et appliquez-le sur votre 3e œil (entre vos deux yeux physiques), derrière les oreilles, au-dessus de la lèvre supérieure (sous le nez) ainsi que sur le chakra couronne (sommet de la tête).

Fixez la flamme et concentrez-vous sur votre souffle. Laissez venir les informations, sensations et communications, avec le maximum de lâcher-prise et d'ouverture.

Rituel associé

BAIN D'ÉLÉVATION SPIRITUELLE, page 119

L'azurite
ou pierre du Paradis

Association végétale : thym

Nettoyage : eau, fumigation (bâton ou encens) ou enfouissement.

Rechargement : lumière lunaire, voire solaire si peu puissante (début et fin de journée).

Nettoyage et rechargement simultanés : bol tibétain ou géométrie sacrée.

PROPRIÉTÉS

Prêtres, magiciens et chamanes utilisaient historiquement l'azurite pour augmenter leurs capacités extrasensorielles, et développer leur clairvoyance et leur capacité à voir l'avenir.

Stimulant fortement les capacités psychiques et les pouvoirs de guérison, l'azurite améliore les séances de méditation, affine l'intuition et augmente les taux vibratoires.

Elle favorise les transmutations personnelles, de façon similaire à la chrysalide qui permet le processus de transformation de la chenille en papillon.

Sa couleur bleue la lie aux chakras du 3e œil et au chakra coronal. Elle peut nous aider à découvrir comment laisser l'obscurité du doute derrière nous, pour entrer dans la lumière de la Connaissance : « *Qui suis-je ? Pourquoi suis-je sur Terre ? Dans quelle direction dois-je aller ?* »

RITUELS

Élixir d'azurite

Il soutient la prise de décision en facilitant le lâcher-prise. Il aide à accéder à l'indépendance en favorisant un sentiment de sécurité. Il permet d'éclaircir les émotions floues.

Préparez cet élixir en suivant la recette de la page 73. Prenez-en 30 gouttes tous les soirs sauf le dimanche, pendant 21 jours.

Méditation de connexion à son intuition

L'azurite est une pierre qui ouvre puissamment le chakra du 3e œil.

- Portez-la en diadème, positionnée entre vos deux yeux physiques, pour vous aider à amplifier votre intuition. Prenez conscience de son contact sur votre peau, tout près de votre chakra du 3e œil.

Visualisez l'effet vibratoire de la pierre sur le vortex énergétique de ce chakra, l'ouvrant et l'harmonisant, vous permettant alors de réceptionner toutes les informations gravitant autour de vous, ainsi que tous les messages éventuellement transmis par vos guides.

L'angélite

Association végétale : angélique
Nettoyage : fumigation ou enfouissement.
Rechargement : lumière lunaire.
Nettoyage et rechargement simultanés : bol tibétain ou géométrie sacrée.

ATTENTION : ne la nettoyez pas à l'eau.

PROPRIÉTÉS

L'angélite est une pierre pacifiante et apaisante de l'émotionnel.

Liée au chakra de la gorge, elle fluidifie et équilibre la communication (qu'elle soit en excès ou insuffisante) avec notre entourage, mais aussi avec le monde invisible : les défunts, les anges, les animaux-guides… Elle aide à pratiquer la télépathie, le voyage astral et le *channelling*.

Elle est aussi particulièrement intéressante pour amener du réconfort et la guérison psychique, émotionnelle et spirituelle, travaillant spécifiquement sur la colère et le chagrin.

RITUELS

Élixir d'angélite

Il débloque les nœuds karmiques, nous mettant en mouvement dans une situation où l'on se sent dans l'impasse. Il nous aide dans notre éveil de conscience et apporte la protection. Il arrondit les angles de certains traits de caractère et harmonise le chakra racine.

Préparez cet élixir en suivant la recette de la page 73. Prenez-en 30 gouttes tous les soirs sauf le dimanche, pendant 21 jours.

Guidance par les rêves

L'angélite aide à pleinement vivre nos rêves de façon lucide, à nous en souvenir, les interpréter et en tirer une guidance pour la situation actuelle.

- Placez 1 angélite sous votre oreiller.
- Gardez un dictaphone (ou votre téléphone en mode avion) près de votre lit afin d'enregistrer dès le réveil tout ce dont vous vous souvenez.

Notez ensuite précisément ces informations dans un carnet pour réaliser un suivi d'oniromancie.

Rituels associés

MÉDITATION DES 3 CRISTAUX ET DES 3 CHAKRAS, *page 87*

HUILE « CONTACT AVEC LES ANGES », *page 148*

RITUEL DE LUMIÈRE, *page 180*

La calcite bleue

Association végétale : agastache
Nettoyage : fumigation ou enfouissement.
Rechargement : lumière lunaire.
Nettoyage et rechargement simultanés : bol tibétain ou géométrie sacrée.

ATTENTION : ne la nettoyez pas à l'eau.

PROPRIÉTÉS

Associée au chakra de la gorge, la calcite bleue soutient la voix et la communication d'une manière générale. Elle aide à se dire « oui » à soi-même (et dans ce cas, vous pouvez l'associer à la fleur de Bach Centaury) et à dire SA vérité tout en étant entendu(e) et compris(e), avec calme et sérénité.

Elle est aussi liée au chakra du 3e œil et au chakra coronal.

Extrêmement apaisante émotionnellement, elle protège également des énergies négatives des autres, et de toutes celles qui gravitent autour de vous et pourraient avoir tendance à vous parasiter.

Elle accompagne votre chemin spirituel, stimule l'intuition et la télépathie, vous protège pendant vos voyages astraux, fait venir les beaux rêves et favorise leur souvenir au réveil. Elle vous enjoint à parler de spiritualité sans avoir peur.

RITUEL

Collier d'éveil spirituel

Pour vous apporter soutien et apaisement sur votre chemin d'éveil spirituel s'il vous semble semé d'écueils et d'embûches, procurez-vous un collier type ras-de-cou simplement constitué par une grosse calcite bleue, qui reposera ainsi sur votre chakra de la gorge.

- Nettoyez ce collier et rechargez-le souvent, par exemple, lors de chaque Pleine Lune. Portez-le lorsque vous avez le sentiment qu'il est trop difficile pour votre âme de continuer à expérimenter la matérialité sur Terre.

Rituel associé

STICK « INSPIRATION ».
page 147

Rituels associés

AMULETTE DE PROTECTION D'HORUS, *page 19*

SACHET-MÉDECINE POUR AUGMENTER LA CONSCIENCE DES RÊVES, *page 32*

BAIN DE PROTECTION, *page 112*

La labradorite

ou pierre de lune noire

Association végétale : angélique
Nettoyage : fumigation ou enfouissement.
Rechargement : lumière lunaire.
Nettoyage et rechargement simultanés : bol tibétain ou géométrie sacrée.

PROPRIÉTÉS

Ce feldspath de structure cristalline possède un aspect opalescent qui change selon l'angle des rayons lumineux atteignant sa surface.

En correspondance avec le chakra coronal, on l'appelle aussi « pierre de lune noire ». Elle stabilise et renforce les différentes couches de l'aura et favorise les échanges énergétiques entre ces dernières et les chakras qui les nourrissent. Elle améliore l'acuité mentale en nous permettant d'entrevoir simultanément de multiples futurs possibles. Elle aide à surmonter le stress, l'anxiété et le sentiment d'insécurité, ainsi qu'à définir nos intentions et à développer nos capacités extrasensorielles.

RITUELS

Élixir de labradorite

Il permet aux thérapeutes de se régénérer par l'alliance harmonieuse des corps mental et émotionnel ainsi que par le renforcement et la réparation des brèches émotionnelles dans l'aura.

Préparez cet élixir en suivant la recette de la page 73. Prenez-en 30 gouttes tous les soirs sauf le dimanche, pendant 21 jours.

Rituel de protection des thérapeutes

Pierre dite « des thérapeutes » (ce n'est pas la seule), elle agit principalement sur le corps émotionnel. Elle vous aidera à conserver votre énergie intérieure, à condition toutefois d'avoir préalablement fait un travail sur vous pour accepter les remontées des mémoires, donc les décharges émotionnelles que celles-ci occasionnent.

- Portez-la (sous forme de pierre roulée, de bracelet, de collier, de bague...) lorsqu'il vous paraît indispensable de vous protéger des émotions trop envahissantes des autres (surtout si vous êtes thérapeute).

La malachite

Association végétale : sauge officinale
Nettoyage : fumigation ou enfouissement.
Rechargement : lumière lunaire.
Nettoyage et rechargement simultanés : bol tibétain ou géométrie sacrée.

ATTENTION : ne la nettoyez pas à l'eau.

PROPRIÉTÉS

Cette pierre de couleur verte présente parfois des bandes vertes et noires.

Reliée au chakra du cœur, et disposée sur le cœur lors d'une méditation, elle nous ouvre à l'Amour inconditionnel. Nous aidant également à développer nos capacités extrasensorielles, elle nous connecte au monde des esprits et à l'au-delà, nous aidant à interpréter nos rêves et à méditer. Ce cristal facilite les changements et nous aide à comprendre notre connexion en constante évolution avec les mondes invisibles. Apaisante et calmante, elle soulage le stress et la dépression. C'est aussi une importante pierre de protection (voir *Amulette de protection* ci-contre).

RITUELS

Élixir de malachite

Idéal pour les thérapeutes, il aide à accéder à la sagesse. Il est particulièrement utile en cas de surmenage ou de burn-out, pour reposer le mental. Il harmonise les chakras du cœur et du plexus solaire

Préparez cet élixir en suivant la recette de la page 73. Prenez-en 30 gouttes tous les soirs sauf le dimanche, pendant 21 jours.

Amulette de protection

Associée à la féminité et consacrée aux déesses dans l'antiquité romaine, elle était utilisée comme amulette de protection pour éloigner l'esprit du mal et prévenir des dangers. Elle fait donc merveille dans ce type de bijou, d'autant qu'elle est aussi réputée pour protéger des effets des ondes électromagnétiques.

- Associez-la à la pierre de lune, autre cristal puissamment lié à la Femme, soit en créant un pendentif avec ces deux pierres, soit en les associant dans un petit sac en organza. Restez en conscience, en veillant à exprimer et ressentir l'intention pour et avec laquelle vous réalisez cette amulette.

Rituel associé

GEL DOUCHE « JOIE D'ENFANT »,
page 145

La serpentine

Association végétale : laurier

Nettoyage : fumigation (bâton ou encens) ou enfouissement.

Rechargement : lumière lunaire ou solaire si peu puissante (début ou fin de journée)

Nettoyage et rechargement simultanés : bol tibétain ou géométrie sacrée.

PROPRIÉTÉS

De couleur verte, rouge, brune ou noire, la serpentine a un aspect parfois veiné qui rappelle d'ailleurs les écailles d'un serpent. C'est une pierre en amas et plaques superposées assez fragile, qu'on ne trouve sous forme structurée qu'enfouie à l'intérieur d'autres structures cristallines, tel un serpent lové dans son trou, à l'image de l'énergie Kundalini : cette puissante énergie spirituelle, aussi appelée « énergie cosmique » ou « vitale », est lovée dans le chakra racine (1er chakra), tel un serpent endormi.

La serpentine est une pierre idéale pour la méditation, car elle facilite la visualisation tout en harmonisant la circulation énergétique, notamment l'absorption de l'énergie universelle (*prâna*) par nos chakras. Pour bénéficier de ses bienfaits, posez-la sur le chakra du cœur ou celui du plexus solaire.

RITUELS

Élixir de serpentine

Il permet de faciliter l'intégration vibratoire des aliments que l'on ingère. Dans l'organisme, il harmonise l'alchimie de l'eau.

Préparez cet élixir en suivant la recette de la page 73. Prenez-en 30 gouttes tous les soirs sauf le dimanche, pendant 21 jours.

Brume aromatique de stimulation créative

Pulvérisez cette brume aromatique d'orange dans les moments où vous avez besoin de booster votre créativité artistique.

- Mélangez 25 gouttes d'essence d'orange douce bio avec 10 ml d'alcool à 70°.
- Complétant en posant 1 pointe de serpentine (serpentine taillée en pointe) et 1 pointe de quartz rose dans votre espace de travail (bureau, atelier...).

Sachet-médecine « souvenir des rêves »

- Confectionnez un petit sachet-médecine (voir page 10) en plaçant du laurier, de la lavande, du romarin et 1 serpentine dans un petit sac en organza de couleur bleu foncé ou violette.

Placez-le sous votre oreiller pour vous aider à vous souvenir de vos rêves.

Rituel associé

MANDALA VÉGÉTAL STIMULANT POUR L'INSPIRATION, *page 26*

RITUELS

Élixir d'obsidienne noire

Apaisant les angoisses, il permet de mieux vivre la frustration tout en favorisant la confiance et la volonté. Il ouvre le chakra racine pour mieux se connecter à l'énergie de Gaïa.

Préparez cet élixir en suivant la recette de la page 73. Prenez-en 30 gouttes tous les soirs sauf le dimanche, pendant 21 jours.

Méditation avec l'obsidienne

Assise ou allongée, réalisez une méditation en tenant 1 obsidienne au creux de votre main, ou en la posant à même votre peau. Après la méditation, déposez sur votre cœur, à même la peau, 1 cristal de roche pour faire venir la lumière, et enfin 1 quartz rose pour apaiser votre cœur.

L'obsidienne noire

Association végétale : calendula (souci)

Nettoyage : fumigation (bâton ou encens) ou enfouissement.

Rechargement : lumière lunaire ou solaire si peu puissante (début ou fin de journée)

Nettoyage et rechargement simultanés : bol tibétain ou géométrie sacrée.

PROPRIÉTÉS

Pierre d'ancrage, elle nous apprend à respecter les énergies de la Terre. Puissamment protectrice, elle amène de la clarté dans nos états émotionnels intérieurs, nous aide à nous centrer et à nous ancrer dans les énergies de Mère Nature, fournissant ainsi des fondations stables pour votre évolution à venir.

Elle peut aussi refléter les pensées d'une autre personne et les révéler à celui qui la porte, lui conférant une sorte de clairvoyance. Certains pensent qu'elle pourrait nous aider à entrevoir le futur.

Rituels associés

BAUME AUX OBSIDIENNES, *page 21*

SACHET-MÉDECINE POUR AUGMENTER LA CONSCIENCE DES RÊVES, *page 32*

ONGUENT FLEURI POUR INVITER LA RÉUSSITE, *page 132*

L'hématite

Association végétale : noisetier

Nettoyage : fumigation (bâton ou encens) ou enfouissement.

Rechargement : lumière lunaire ou solaire si peu puissante (début ou fin de journée)

Nettoyage et rechargement simultanés : bol tibétain ou géométrie sacrée.

Attention : ne supporte pas le contact de l'eau.

Rituel associé

SACHETS D'ANCRAGE ET DE SÉRÉNITÉ,
page 138

PROPRIÉTÉS

Connectée aux chakras racine et sacré, l'hématite nous soutient quand nous avons besoin d'amour, de force et de courage.

Par sa grande teneur en fer, elle nous permet de travailler sur notre magnétisme personnel, améliore le processus de réflexion mentale et la concentration cérébrale.

C'est une « pierre enregistreuse » : on peut la programmer pour conserver, à travers les siècles, une mémoire qu'elle partagera avec ceux qui savent accéder à sa sagesse. Elle nous aide à apprendre des leçons du passé pour ne pas répéter les mêmes erreurs.

RITUEL

Élixir d'hématite

Il renforce l'estime de soi, pour que l'on se rende compte de notre propre valeur sans nous sous-estimer. Il nous aide à prendre des décisions, à faire preuve de volonté.

Préparez cet élixir en suivant la recette de la page 73. Prenez-en 30 gouttes tous les soirs sauf le dimanche, pendant 21 jours.

La pyrite

Association végétale : gingembre

Nettoyage : fumigation (bâton ou encens) ou enfouissement.

Rechargement : lumière lunaire ou solaire si peu puissante (début ou fin de journée)

Nettoyage et rechargement simultanés : bol tibétain ou géométrie sacrée.

ATTENTION : ne supporte pas le contact de l'eau.

PROPRIÉTÉS

Sa couleur dorée la lie au chakra du plexus solaire, mais elle fait vibrer l'ensemble des chakras ; sa polyvalence lui permet d'ailleurs de remplacer de nombreux cristaux.

Elle est particulièrement efficace pour nous libérer de nos blocages émotionnels.

Elle ouvre notre champ de conscience en nous amenant à un état de conscience modifiée, nous faisant ainsi accéder à des réalités différentes et non ordinaires.

Grâce à elle, nous pouvons « voyager » dans les plans non matériels, uniquement vibratoires. Par ces processus, elle permet de relier entre eux les plans matériels visibles et les plans subtils, invisibles à nos yeux physiques, dans lesquels nous pouvons « travailler ».

La pyrite peut amplifier les tempéraments agressifs ; évitez de la porter à même la peau, et ne la placez pas dans un lieu de repos, car elle perturbe le sommeil.

RITUELS

Élixir de pyrite

Il ramène la vitalité et, à l'image de son aspect doré, il augmente le rayonnement intérieur et le magnétisme. On peut ainsi s'approprier sa juste place dans le monde.

Préparez cet élixir en suivant la recette de la page 73. Prenez-en 30 gouttes tous les soirs sauf le dimanche, pendant 21 jours.

Pratique du voyage chamanique

- Avant de commencer, trouvez sur Internet un enregistrement audio de voyage chamanique au tambour (avec ou sans chant) qui vous convient.
- Couchez-vous dans un lieu tranquille et plutôt sombre. Si vous le souhaitez, vous pouvez diffuser de l'huile essentielle d'encens oliban.

  Placez 1 pyrite sur votre 3e œil (entre vos deux yeux physiques) et laissez les vibrations sonores vous emmener en voyage dans les mondes subtils.

  Au retour, notez ou dessinez ce que vous avez vu, entendu et/ou ressenti.

DE BAS EN HAUT ET DE GAUCHE À DROITE : *cristal de roche, sélénite, pierre de lune, quartz rose, améthyste, citrine, opale de feu, calcite orange, cornaline, jaspe rouge, œil-de-tigre, serpentine, malachite, fluorite, labradorite, calcite bleue, angélite, lapis-lazuli, azurite, pyrite, hématite, obsidienne noire.*

Bienfaits et vertus des BAINS MAGIQUES

Les sels

Les sels sont d'excellents ingrédients pour vous concocter un bain magique. Associez-les à des cristaux, des plantes, des huiles essentielles et des bougies judicieusement choisis, et vous voilà avec un rituel parfait pour prendre soin de vous avec une intention bien spécifique !

Si vous n'avez pas de baignoire, transformez ces rituels en bains de pied, tout aussi efficaces et très agréables également. Ils seront un moment pour prendre soin de cette partie du corps que l'on délaisse trop souvent : pourtant, c'est aussi une zone où se croisent nos énergies et celles de la Terre (matérialisées par le chakra de l'étoile de la Terre, localisé dans notre chère Gaïa).

Il ne vous reste qu'à tamiser la lumière, bien chauffer votre salle de bains, diffuser une ambiance sonore zen... et profiter de l'instant présent...

Vous pouvez aussi placer du sel en décoration dans un joli récipient, ou le porter sur vous dans une spell jar (voir page 73) ou un sachet-médecine (voir page 10).

Enfin, une lampe en sel rose de l'Himalaya aura les mêmes bienfaits que ce même sel utilisé pour un bain.

Sel de table

Excellent pour tout travail
de nettoyage et de guérison
Supprime les blocages
Bloque les énergies négatives

À disposer à l'entrée de la maison ou dans les coins d'une pièce pour le nettoyage.

Sel de mer gris

Purification et protection * Nettoyage
Équilibrage (des émotions en particulier)
Bannissement de la négativité * Bénédiction
Bon pour le travail avec un miroir : il amplifie les sentiments ressentis pour soi-même et qui doivent être travaillés

À mettre en poche lors des méditations de guérison, ou les voyages astraux ou chamaniques.

Sel de mer celtique (Guérande)

Protection * Attire l'abondance financière

À utiliser dans les rituels de prospérité et de protection.

Rituel associé : BAIN DE PROSPÉRITÉ, *page 116*

Sel de la mer Morte

Purification * Guérison * Bannissement

À utiliser pour tout travail de purification et pour les sorts de bannissement.

Rituel associé : BAIN NETTOYANT, *page 114*

Sel d'Epsom

Détox * Purification * Guérison

À utiliser en détox lors des changements de saison, ou si l'on est malade pour procéder à une purification qui peut amener la guérison.

Rituels associés :

BAIN DE RÉGÉNÉRATION, *page 115*

BAIN RITUEL DE PURIFICATION D'INSPIRATION JAPONAISE, *page 122*

Sel rose de l'Himalaya

Attraction * Amour (dont amour de soi)
Romance * Amitié * Protège les relations
Retire les blocages et malédictions

À placer sous le lit dans la chambre (pour chaque membre de la famille), dans les sorts d'amour et d'amitié.

À porter sur soi pour harmoniser les relations.

Rituels associés :

BAIN POUR L'AMOUR DE SOI, *page 116*

BAIN D'ÉLÉVATION SPIRITUELLE, *page 119*

Sel noir d'Hawaï

Protection puissante * Absorbe et repousse les énergies et personnes négatives

À porter sur soi lorsqu'on se trouve dans un lieu malsain ou à proximité de vampires énergétiques.

Rituel associé : BAIN POUR RÊVER, *page 118*

Sel rouge d'Hawaï

Amour * Passion et plaisir charnel
Protection (de la maison surtout)
Inversions * Nettoie l'aura
Bloque les énergies négatives

À disperser au sol à chaque porte de la maison (ou de l'appartement) et de votre lieu de travail.
À enterrer devant votre porte d'entrée.
À disposer sous le lit conjugal.

Rituels associés :

BAIN DE PROTECTION, *page 112*

BAIN DU DÉSIR, *page 113*

Bain de protection

Ce bain vous aidera à vous renforcer au niveau psychique et à vous prémunir de toutes sortes d'attaques qui pourraient être perpétrées contre vous : physiques, mentales, spirituelles, psychiques ou émotionnelles. Préparez-le avec la certitude qu'il vous armera d'une solide coque de protection.

IL VOUS FAUT

1 petit verre de sel rouge d'Hawaï
2 gouttes d'huile essentielle d'encens oliban
1 petit verre de romarin frais ou séché
1 petit verre de lavande fraîche ou séchée
De la labradorite
Quelques bougies bleu clair

Versez l'huile essentielle sur le sel rouge d'Hawaï et versez-le dans l'eau du bain. Placez la lavande, le romarin et la labradorite dans une étamine ou une compresse dépliée.
Refermez et faites infuser dans le bain en guise d'infusette XXL.
Disposez les bougies autour de la baignoire et allumez-les.

Dans votre bain, dites ou pensez :
« Ce bain me vêt d'une puissante aura protectrice qui me prémunit de tout type d'attaque, de quelque nature qu'elle soit, et d'où qu'elle puisse provenir. Je suis protégé(e), quoi qu'il arrive, où que je sois, peu importe l'état de conscience que j'expérimente à chaque instant. »

Bain du désir

Voici un bain pour rallumer la flamme
et ramener de la sensualité dans votre couple.

IL VOUS FAUT

1 petit verre de sel rouge d'Hawaï
1 verre d'hibiscus sabdariffa séché (karkadé) qui donnera une belle teinte rose à l'eau
1 verre de pétales de rose rouge (frais ou séchés)
1 verre de pétales de rose rose (frais ou séchés)
1 orange fraîche coupée en rondelles
10 gouttes d'absolue de jasmin
10 gouttes d'absolue de tubéreuse
Quelques bougies rouges

Versez les absolues sur le sel rouge d'Hawaï et versez-le dans l'eau du bain. Placez le karkadé dans une étamine ou une compresse dépliée. Refermez et faites infuser dans le bain en guise d'infusette XXL. Ajoutez les pétales de rose et les rondelles d'orange. Disposez les bougies autour de la baignoire et allumez-les.

Dans votre bain, imaginez-vous imprégné(e) de tous les atours nécessaires pour passer un moment intime réussi.

Bain nettoyant

Ce bain est parfait pour nettoyer et purifier vos corps physique, psychique, émotionnel et spirituel, afin de vous débarrasser des énergies négatives, voire des entités néfastes. Préparez-le avec une intention de nettoyage et de purification profonde de vous-même.

IL VOUS FAUT

1 petit verre de sel de la mer Morte

2 gouttes d'huile essentielle de menthe poivrée

1 petit verre de romarin frais ou séché

1 petit verre de laurier frais ou séché

Du cristal de roche

Quelques bougies blanches

Versez l'huile essentielle sur le sel de la mer Morte et versez-le dans l'eau du bain. Placez le romarin, le laurier et le cristal de roche dans une étamine ou une compresse dépliée. Refermez et faites infuser dans le bain en guise d'infusette XXL. Disposez les bougies autour de la baignoire et allumez-les.

En sortant, dites ou pensez : « Je sors de ce bain rituel nettoyant lavé(e) et purifié(e) de toute impureté subtile, de toute énergie négative, rechargé(e) en vibrations positives »

Bain de régénération

Ce bain vous aidera à vous régénérer dans les moments
où vous vous sentez « au bout du rouleau ».
Préparez-le avec l'intention de renaître de vos cendres
pour faire éclore une nouvelle et meilleure version de vous-même.

IL VOUS FAUT

1 cuil. à soupe de sel d'Epsom
2 gouttes d'huile essentielle de géranium rosat
1 petit verre de camomille fraîche ou séchée
1 petit verre de laurier frais ou séché
De la pierre de lune
Quelques bougies blanches

Versez l'huile essentielle sur le sel d'Epsom et versez-le dans l'eau du bain. Placez le laurier, la camomille et la pierre de lune dans une étamine ou une compresse dépliée.
Refermez et faites infuser dans le bain en guise d'infusette XXL.
Disposez les bougies autour de la baignoire et allumez-les.

Dans votre bain, dites ou pensez : « Je sais que ce bain est en train de régénérer toutes les cellules de mon corps, au niveau physique comme sur les plans émotionnels et énergétiques. Je sortirai de ce bain comme renouvelé(e), révélé(e) dans la Vraie nature de qui je suis. »

Bain de prospérité

Ce bain attirera la prospérité dans votre vie. Préparez-le avec l'intention de faire venir et vivre l'abondance.

IL VOUS FAUT

1 petit verre de sel de mer celtique (ou sel de Guérande)

2 gouttes d'huile essentielle de bergamote

1 petit verre de feuilles de basilic frais ou séché

Quelques rondelles de citron frais

De l'aventurine verte

Quelques bougies vertes

Versez l'huile essentielle sur le sel de mer celtique et versez-le dans l'eau du bain. Ajoutez les rondelles de citron. Placez le basilic et l'aventurine dans une étamine ou une compresse dépliée. Refermez et faites infuser dans le bain en guise d'infusette XXL. Disposez les bougies autour de la baignoire et allumez-les.

Dans votre bain, dites ou pensez : « Ce bain et ses ingrédients magiques m'aideront à attirer la prospérité dans ma vie dès maintenant. Je visualise déjà toutes les belles choses qui vont se matérialiser et les belles personnes que je vais rencontrer. Merci l'Univers ! »

Bain pour l'amour de soi

Ce bain est destiné à vous aider à vous aimer, sous toutes vos facettes ! Préparez-le avec l'intention de ressentir le sentiment d'amour profond de soi.

IL VOUS FAUT

1 petit verre de sel rose de l'Himalaya

2 gouttes d'absolue de jasmin

1 petit verre de pétales de rose frais ou séchés

1 petit verre de fleurs de lavande fraîches ou séchées

Du quartz rose

Quelques bougies roses et/ou rouges

Versez l'absolue de jasmin sur le sel rose de l'Himalaya et versez-le dans l'eau du bain. Placez les pétales de rose, la lavande et le quartz dans une étamine ou une compresse dépliée. Refermez et faites infuser dans le bain en guise d'infusette XXL. Disposez les bougies autour de la baignoire et allumez-les.

Dans votre bain, pensez ou dites : « Ce bain et tous ses ingrédients sont là pour m'aider à m'aimer. Je suis belle/beau, j'ai de la valeur, je suis quelqu'un de bien, je mérite le meilleur, je m'aime. Merci à moi. »

Bain pour rêver

Ce bain favorisera la venue (et la fréquence) de rêves agréables et inspirants. La protection et le bannissement de la négativité du sel noir d'Hawaï laissent le champ libre aux rêves (qui peuvent donc plus facilement être lucides ou prémonitoires), voire aux songes et aux voyages astraux. Préparez-le avec l'intention de faire de beaux rêves et de vous en souvenir.

IL VOUS FAUT

1 petit verre de sel noir d'Hawaï
2 gouttes d'huile essentielle d'ylang-ylang complète
1 petit verre de fleurs de lavande fraîches ou séchées
1 petit verre de fleurs de camomille fraîches ou séchées
1 ou plusieurs petites améthystes
Quelques bougies bleues et/ou argentées

Versez l'huile essentielle sur le sel noir et versez-le dans l'eau du bain. Placez les améthystes avec les fleurs de lavande et de camomille dans une étamine ou une compresse dépliée. Refermez et faites infuser dans le bain en guise d'infusette XXL. Disposez les bougies autour de la baignoire et allumez-les.

En sortant de votre bain, pensez ou dites :
« Je suis maintenant dans les meilleures conditions pour faire des rêves beaux, éclairants, voire prémonitoires, ou même des songes, grâce à tous les ingrédients magiques de ce bain ».

En vous endormant, émettez l'intention de faire venir ces rêves pendant la nuit.

LE SONGE

Également appelé « visite », le songe n'est pas un rêve : c'est la façon qu'ont nos défunts de venir nous rendre visite pendant que nous sommes endormis, afin de nous livrer des informations ou pour avoir une conversation avec nous. Nous sentons tout de suite que ce n'est pas un rêve classique ! Il laisse une impression de réalité surprenante, et nous nous en souvenons très bien, même longtemps après...

Bain d'élévation spirituelle

Ce bain vous aidera à vous connecter aux mondes subtils,
à vos anges, vos guides, votre Moi supérieur ou à l'Univers,
ou à rester reliée à l'invisible, même en état de conscience ordinaire.

IL VOUS FAUT

1 petit verre de sel rose de l'Himalaya

2 gouttes d'huile essentielle de bois de santal

2 gouttes d'huile essentielle de myrrhe

1 petit verre de cannelle séchée en morceaux (pas de poudre)

1 petit verre d'achillée millefeuille fraîche ou séchée

1 ou plusieurs petites azurites

Quelques bougies violettes

Versez les huiles essentielles sur le sel rose de l'Himalaya et versez-le dans l'eau du bain. Placez la cannelle, l'achillée millefeuille et les azurites dans une étamine ou une compresse dépliée. Refermez et faites infuser dans le bain en guise d'infusette XXL. Disposez les bougies autour de la baignoire et allumez-les.

Dans votre bain, dites ou pensez : « Ces ingrédients d'élévation spirituelle agissent en synergie pour me connecter à la source de toute chose d'où je proviens également, et à toutes les consciences qui vibrent plus haut que moi, dans le but qu'elles m'attirent vers des sphères vibratoires plus élevées. »

Bain de la mer

Ce bain est destiné à vous faire bénéficier de la médecine de l'Eau par l'intermédiaire de l'océan. Allumez une lampe à lumière bleue et diffusez un fond sonore avec des bruits liés à la mer : vagues sur la plage ou sur les rochers, mouettes qui crient…

IL VOUS FAUT

1 petit verre de sable marin et/ou quelques galets de plage

1 petit verre de sel de mer gris

1 petit verre d'algues séchées

2 gouttes d'huile essentielle de pin maritime

2 gouttes d'huile essentielle de criste marine

Du jaspe océan et/ou de l'aigue-marine et/ou de l'agate d'eau

Pour colorer le bain en bleu : poudre de fleur de pois papillon bleu ou fleurs entières à laisser infuser (colorant naturel)

Quelques bougies bleues

Versez les huiles essentielles sur le sel de mer gris et versez-le dans l'eau du bain. Déposez les galets au fond de la baignoire. Placez le sable, les algues et la poudre de pois papillon dans une étamine ou une compresse dépliée. Refermez et faites infuser dans le bain en guise d'infusette XXL. Disposez les bougies autour de la baignoire et allumez-les.

Dans votre bain, dites ou pensez :
« Je t'invoque, médecine de l'Eau, afin que tu m'apportes l'harmonie émotionnelle et réveiller mon Moi intérieur profond. Par l'Eau, je me relie à tout ce qui vit sur notre Terre-Mère. Grâce à l'océan, toute l'eau à l'intérieur de moi se régénère et augmente le flux vital de mon corps. Je sors de mon bain revitalisé(e) par la vibration bleue de l'eau et de l'océan… »

Bain de la forêt

Ce bain, vous fera bénéficier de la médecine de la Terre par l'intermédiaire de la forêt. Allumez une lampe à lumière verte et diffusez un fond sonore (disponible en ligne) avec les bruits de la forêt : oiseaux qui chantent, rivière qui coule, insectes qui bourdonnent, cerf qui brame...

IL VOUS FAUT

1 petit verre d'humus de la forêt

1 petit verre de plantes (non toxiques) de forêt : fougères, aiguilles de conifère, feuilles de noisetier, de chêne, de hêtre...

2 gouttes d'huile essentielle de sapin baumier ou de sapin pectiné

2 gouttes d'huile essentielle de pin sylvestre

De l'agate mousse et/ou de l'agate arbre et/ou du bois pétrifié et/ou une (ou plusieurs) pierre(s) des fées

Pour colorer le bain en vert : poudre de chlorella ou chlorophylle sous forme liquide (colorant naturel)

Quelques bougies vertes

Déposez l'agate mousse et/ou le bois pétrifié et/ou les pierres des fées dans la baignoire, directement dans l'eau du bain. Placez l'humus et les plantes de la forêt dans une étamine ou une compresse dépliée. Imprégnez-les des huiles essentielles. Refermez et faites infuser dans le bain en guise d'infusette XXL. Disposez les bougies autour de la baignoire et allumez-les.

Dans votre bain, dites ou pensez :
« Je t'invoque, médecine de la Terre, ainsi que tout le petit peuple de la forêt, afin de m'ancrer dans la vie matérielle et m'apporter — complétez selon ce que vous souhaitez : quelque chose de tangible [argent, logement, enfant...] ou d'invisible [force, structure, stabilité...].

Grâce à la forêt, tout ce qui constitue mon corps physique est stabilisé et structuré, mettant en place toutes les conditions favorables à l'aboutissement de mon projet. Je sors de mon bain renforcé(e) par la vibration verte de la Terre et de la forêt. »

Bain rituel de purification d'inspiration japonaise

Les rituels de purification par l'eau ou la vapeur d'eau, d'origine shintoïste, sont traditionnellement réalisés par les Japonais avant d'accéder à un temple ou un sanctuaire et d'y prier : ils sont destinés à purifier le corps et l'esprit. Dès le vie siècle, la pratique du bain se met en place dans les onsen (stations thermales) et les sentô (bains publics).

DEUX ÉTAPES VOUS SONT PROPOSÉES POUR CE RITUEL DE PURIFICATION JAPONAIS. VOUS POUVEZ LES RÉALISER ENSEMBLE OU SÉPARÉMENT.

Les ablutions

Pour les ablutions, les Japonais utilisent de l'eau issue d'une fontaine dont le déversement se fait à travers la bouche d'un dragon ou d'une tortue. Lors du rituel, l'eau est recueillie et versée à l'aide d'une sorte de louche traditionnelle en métal ou en bambou, à long manche, appelée *hishaku*.

Pour s'approcher au plus près de la tradition japonaise, réalisez ce rituel avec votre lavabo. À côté du robinet, disposez une statuette (en pierre, en bois ou en cristal) représentant un dragon ou une tortue. Diffusez en fond sonore de la musique traditionnelle japonaise ou le bruit d'eau qui coule.

Prenez le *hishaku* (ou la louche) dans votre main droite. De la main gauche, ouvrez le robinet pour remplir le *hishaku*, puis, avec l'intention pure de nettoyer et de purifier, arrosez votre main gauche. Prenez ensuite le *hishaku* dans la main gauche et procédez de même pour purifier votre main droite.

Reprenez le *hishaku* dans la main droite. Versez un peu d'eau dans votre paume gauche, puis prélevez-en une gorgée pour purifier votre bouche. Faites circuler l'eau dans tout l'espace de celle-ci, avant de la recracher (hors du lavabo). N'avalez pas l'eau et ne la buvez pas directement au *hishaku*. Rincez votre main gauche, qui a été en contact avec votre bouche.

Pour finir, placez le *hishaku* à la verticale, pour que l'eau s'écoule sur le manche en le rinçant.

Le bain purificateur

Tout d'abord (et cela peut nous paraître un peu étrange, à nous Occidentaux), il faut être propre avant de procéder au bain purificateur. Éliminer toutes les saletés et la transpiration permet aussi de nettoyer l'esprit : savonnez-vous bien et réalisez un gommage.

Faites couler l'eau de votre bain ; sa température doit être comprise entre 39 et 42 °C au moment d'y entrer (sauf si vous souffrez de troubles circulatoires de type varices et hémorroïdes).

Jetez 1 verre de sel d'Epsom dans l'eau, ainsi que 5 gouttes d'huile essentielle de citron jaune ou vert, ou de yuzu, ou de combava.

Diffusez en fond sonore des bruits de la nature. Entrez progressivement dans le bain, puis immergez-vous jusqu'au cou. Placez un oreiller de bain à ventouses sur la paroi de la baignoire si vous le souhaitez. Laissez-vous envelopper par la chaleur, qui vous relaxera et facilitera l'absorption des minéraux de l'eau par votre corps. Elle détendra vos muscles et éliminera aussi les toxines.

Pour finir, immergez-vous totalement dans l'eau quelques secondes (sans la boire ni l'inhaler).

Une fois sorti(e), allez vous promener dans la nature pour parfaire les bienfaits du bain purificateur.

Renouer avec la puissance de sa

FÉMINITÉ SACRÉE

Bâton de fumigation de Féminité sacrée

Ce bâton de fumigation est parfait pour les rituels de Féminité sacrée réalisés lors de cercles de femmes et de tentes rouges (cercles de femmes d'âges variés, où l'on partage des expériences et vécus de vie), de cérémonies chamaniques féminines ou de cérémonies *blessing way* (rituel de bénédiction inspiré des traditions Navajo, où l'on célèbre la future maman entre femmes).

De manière plus générale, on peut l'utiliser dans toutes les situations où l'on souhaite célébrer sa Féminité dans une ambiance solennelle de cérémonie, que l'on soit seule ou en groupe : arrivée des règles, désir d'enfant, signes de ménopause...

IL VOUS FAUT

Choisissez parmi les plantes suivantes, selon celles que vous avez à disposition :

de l'achillée millefeuille
(pour la guérison et la protection)

du trèfle rouge
(pour le bonheur et la chance)

de l'absinthe ou armoise
(pour augmenter l'intuition et la clairvoyance)

des roses de couleur au choix
(liées à l'amour de soi et des autres)

de la **sauge officinale** ou **blanche**
(plante sacrée de la Médecine de la Femme, voir page 54)

Choisissez un moment où vous ne ressentez rien de négatif et que vous vous sentez bien stable émotionnellement.

Nouez le bas du fagot avec une ficelle en coton blanc ou rouge (teinture naturelle). En maintenant toutes les plantes avec l'une de vos mains, enroulez la ficelle autour du bouquet en allant vers le haut.

Une fois en haut, redescendez vers le bas du fagot, puis nouez l'extrémité de la ficelle avec le nœud du départ.

Durant tout ce temps, visualisez-vous telle une femme sauvage et indépendante, liée à toutes les femmes de sa lignée avant elle.

Si vous avez utilisé des plantes fraîches, laissez sécher le bâton de fumigation sur un support perforé (pour laisser passer l'air), dans un lieu aéré, pendant 3 à 6 semaines, en fonction de la température ambiante et du degré d'hygrométrie.

Vous pouvez aussi le suspendre, tel un bouquet de fleurs séchées.

Huile harmonisante du Féminin sacré

Utilisez chaque soir cette huile précieuse en soin raffermissant et revitalisant du visage. Ce rituel vous ancre dans votre corps, vous fait prendre conscience de votre féminité, augmente les vibrations de votre corps physique, tout en harmonisant votre chakra du cœur.

IL VOUS FAUT

des pétales de rose odorante (rose de mai, rose de Damas ou autre variété)

20 à 40 cl huile végétale de rose musquée

1 bocal en verre

1 petite bouteille d'huile essentielle de rose de Damas ou de bois de rose

hydrolat de rose centifolia

LA PRÉPARATION

Cueillez des roses odorantes non traitées. Remplissez le bocal propre et sec avec leurs pétales, entièrement, mais sans tasser. Versez de l'huile végétale de rose musquée par-dessus, jusqu'à tout recouvrir.

La 1re semaine, pour éviter toute moisissure, ne refermez pas le bocal hermétiquement : couvrez-le juste d'une étamine (ou une compresse de gaze) fixée avec un élastique, pour laisser s'évaporer l'eau contenue dans les pétales. Placez-le dans un lieu chaud, mais pas en plein soleil.

La 2e semaine, refermez le bocal avec son couvercle ; chaque jour, surveillez l'évolution et basculez délicatement le bocal à l'envers plusieurs fois, pour mélanger le contenu.

Au bout de 3 semaines, filtrez et mettez en bouteille.

LE RITUEL

Tamponnez votre peau (bien nettoyée) avec un coton imbibé d'hydrolat de rose centifolia.

Versez quelques gouttes d'huile précieuse à la rose au creux de votre main et ajoutez 1 goutte d'huile essentielle de rose de Damas ou de bois de rose.

Répartissez l'huile entre vos paumes puis appliquez-la sur votre visage, en commençant par le milieu du front, vers les tempes. Continuez vers le bas du visage en allant toujours du centre vers l'extérieur.

Pendant le soin, connectez-vous à l'Esprit de la Rose : il s'agit de la vibration énergétique de la plante (son corps subtil invisible ou son aura, en quelque sorte) car chaque être vivant émet une vibration particulière et spécifique. L'Esprit des plantes est très utilisé en chamanisme.

Remerciez l'Esprit de la Rose pour tous ses bienfaits : « *Esprit de la Rose, je suis pleine de gratitude pour les bénéfices que tu m'apportes, l'harmonisation de mon féminin sacré et la beauté de ma peau et de mon visage.* »

Célébration de Féminité sacrée

Ce rituel célèbre votre féminité sacrée : il vous réintègre pleinement dans votre corps de femme et vous relie à toutes celles que la Terre a portées.

IL VOUS FAUT

1 crayon de maquillage couleur or
20 gouttes d'absolue de jasmin sambac
30 ml d'huile végétale de sésame

LA PRÉPARATION

Mélangez l'absolue de jasmin sambac dans l'huile végétale de sésame.

LE RITUEL

Créez une ambiance sonore en diffusant des chants et musiques tribales africaines.

Dessinez un maquillage tribal africain sur votre visage avec le crayon or.

Enduisez vos bras et votre buste de l'huile au jasmin, en allant jusqu'au pubis.

Puis laissez-vous porter par les sons tribaux que vous entendez, faites bouger votre corps au rythme de la musique et des chants, sans vous soucier du rendu que cela pourrait avoir pour une personne extérieure. Imaginez-vous au milieu de la savane africaine, entourée de lions, de girafes et de zèbres.

N'oubliez pas de bien mobiliser votre bassin, siège du chakra sacré, de la Féminité et de la sensualité.

Célébration de la générosité de Gaïa

Cueillez des fleurs, feuilles ou rameaux portant des fruits et réalisez avec une jolie coiffure a, en hommage à la nature et à la Terre Mère.

Installez-vous à l'extérieur, dans un champ ou une clairière, pieds nus, pour vous connecter directement à la Terre sans élément qui obstrue la connexion (comme la matière des semelles).

Chantez une douce mélopée intuitive tout en décrivant un large cercle, en marchant ou en dansant. Vous pouvez vous accompagner d'un tambour, d'un hochet, ou de tout autre instrument de musique (maracas, tambourin, bâton de pluie...).

Soyez consciente de la sensation de la terre sous vos pieds, ainsi que du vent et du soleil sur votre visage.

Lorsque vous vous sentez prête, placez-vous au centre du cercle décrit par vos pas.

Déposez quelques fruits pour remercier les esprits de la Nature, Père-Ciel et Terre-Mère.

Levez vos mains et votre visage vers le Père-Ciel et remerciez-le pour les fruits de la récolte en cours ou à venir.

Enfin, asseyez-vous sur le sol, posez vos mains par terre et remerciez la Terre-Mère pour le don de sa fertilité, nécessaire aux plantes pour pousser.

Eau de parfum sacrée

IL VOUS FAUT

10 ml d'alcool à 70°

10 gouttes d'absolue de bourgeons de cassisier

quelques fleurs (fraîches ou sèches) de cerisier ou de prunellier

1 petit vaporisateur en verre

Mélangez les ingrédients dans le vaporisateur. Pulvérisez cette eau de parfum sur vous lorsque vous souhaitez faire venir l'abondance dans votre vie. Imaginez qu'une aura irrésistible vous entoure et attire sur vous l'abondance, comme des abeilles sur du miel.

Onguent fleuri pour inviter la réussite dans sa vie

10 gouttes d'absolue de tubéreuse

1 quartz rose, 1 jaspe rouge, 1 cristal de roche, 1 obsidienne noire

des fleurs ou pétales de pâquerette, rose, lavande et calendula (souci)

Faites un macérat huileux (voir la recette page 21) avec toutes les fleurs mélangées, et plongez-y les pierres de soin. Transformez ce macérat en baume en ajoutant 10 gouttes d'absolue de tubéreuse.

Appliquez 1 noisette sur vos plantes de pied, sous votre nombril (*Tan tien*) et entre vos deux yeux physiques (sur votre 3e œil), dans les moments où vous souhaitez attirer la réussite dans votre vie, quelle qu'elle soit : amour, amitié, accomplissement spirituel, travail, projets divers...

Couronne de Midsommar

Pour profiter au mieux de la multitude de fleurs sauvages qui poussent à cette période, ramassez celles qui se trouvent près de chez vous, dans la nature ou dans votre jardin, et réalisez une épaisse couronne de fleurs comme dans la tradition (encore très vivante) de Midsommar en Suède.

Pendant toute la confection, soyez ancrée et dans le moment présent.

Réalisez la structure de la couronne avec une grande tige ou une branche souple comme du lierre ou du saule. Enroulez la branche sur elle-même en épousant le diamètre de votre tête, en veillant à ce qu'il n'y ait pas trop de feuilles.

Enlevez l'excédent de feuilles sur vos tiges de fleurs. Pour les grosses fleurs à la tige longue et souple (comme les marguerites), gardez 10 cm de tige et glissez-la directement dans la structure de la couronne.

Pour les fleurs plus petites ou fragiles (bleuets, millepertuis, sauges des prés, pissenlits cirses...), réalisez de petits bouquets harmonieux, nouez-les avec un fil et coupez les tiges à 3 cm de longueur. Fixez-les à la structure de la couronne avec du ruban de masquage.

Alternez fleurs et bouquets de façon équilibrée, en suivant toujours la même direction pour que toutes les tiges soient recouvertes par des fleurs.

Pour finir, vous pouvez nouer un joli ruban de la couleur de votre choix à la couronne ainsi terminée.

Portez la couronne sur votre tête, idéalement en groupe de femmes portant chacune la sienne. Mettez de la musique et dansez en plein air au milieu des fleurs sauvages. Ressentez de la gratitude pour ce beau moment de connexion avec la Nature que vous vivez ici et maintenant.

Bougie d'équilibrage yin & yang

Cette bougie, par l'alliance de la lithothérapie et de l'aromathérapie, permet une harmonisation complète de tous vos corps pour atteindre un équilibre entre le yin (féminité, intériorité, intuition, rêves, connexion au subtil) et le yang (masculinité, réflexion, concrétisation, planification, connexion à la matérialité). Allumez-la quand vous sentez que vous basculez à l'extrême dans l'un ou l'autre, brisant l'équilibre dans votre vie.

IL VOUS FAUT

25 gouttes d'huile essentielle d'**eucalyptus radié** (pour l'ancrage)

25 gouttes d'huile essentielle de **lavande officinale** (pour l'inspiration et l'intuition)

des **fleurs séchées**

des **jaspes rouges** de très petits formats (pour un enracinement solide dans la matérialité)

des **améthystes** de très petits formats (pour améliorer la connexion avec les mondes invisibles)

de la **cire naturelle** (d'abeille ou végétale)

de la **mèche pour bougie** (cirée, tissée ou en bois)

1 petit contenant en verre

LA PRÉPARATION

Remplissez le contenant avec la cire naturelle pour déterminer la quantité à utiliser, puis faites-la fondre au bain-marie, en remuant de temps en temps. Au fond du contenant, fixez la mèche avec un peu de cire fondue.

Hors feu, ajoutez les huiles essentielles à la cire fondue. Versez-la ensuite doucement dans le contenant en laissant dépasser la mèche.

Laissez refroidir. Lorsque la cire s'est presque solidifiée, parsemez la surface avec les fleurs et les cristaux.

LE RITUEL

Allumez la bougie et portez-la devant vous en la regardant. Représentez-vous le lien entre les jaspes rouges, l'huile essentielle d'eucalyptus et votre part yang, et le lien entre les améthystes, l'huile essentielle de lavande officinale et votre part yin. Imaginez un fil énergétique rouge et vert émaner de la bougie et équilibrer votre yang, tandis qu'un fil violet harmonise votre yin.

Chaque élément agira dans le sens dont vous avez besoin pour augmenter l'un ou l'autre, en fonction de vous.

Vous pouvez laisser la bougie se consumer jusqu'à la fin ou l'éteindre à la fin du rituel pour l'utiliser plusieurs fois.

Équilibrer ses chakras par les RITUELS PSYCHOÉNERGÉTIQUES

AMENER LE CALME DU MENTAL

Sachets d'ancrage et de sérénité

Le bois de santal (*Santalum album*) est un arbre rare qui amène le calme du mental et favorise l'état méditatif. Il aide à accéder à la sérénité intérieure et à profondément ressentir et vivre la paix. Il permet de nous ancrer en déchargeant le trop-plein énergétique du bouillonnement intense du cerveau, qu'il reconduit directement vers nos pieds et à la Terre. L'hématite, liée aux chakras racine et sacré, encourage notre magnétisme personnel.

Ces sachets d'ancrage vous permettront de profiter des bienfaits des éléments, de façon subtile et répétée dans le temps.

IL VOUS FAUT

huile essentielle de bois de santal blanc

1 poignée de billes d'argile

des petites hématites

des petits sacs en tissu très fin (organza, étamine...)

LA PRÉPARATION

Imbibez les billes d'argile de quelques gouttes d'huile essentielle et placez-les dans 1 sac en tissu avec 1 hématite.

Déposez vos sacs dans votre armoire et vos tiroirs de vêtements ou d'objets personnels.

LE RITUEL

Chaque fois que vous ouvrirez une armoire ou un tiroir, vous sentirez les effluves du bois de santal : représentez-vous mentalement l'arbre d'où provient cette 'huile essentielle. Remerciez-le pour l'ancrage et le sentiment de sérénité et de paix qu'il vous apporte.

S'ENRACINER ET S'HARMONISER

Huile d'enracinement au cèdre de l'Atlas

Le cèdre de l'Atlas (*Cedrus atlantica*) est un conifère digne, majestueux, profondément et solidement enraciné dans le sol. Il nous aide à travailler sur nos fondations, notre structure intérieure et notre aspect yang : il nous aide à équilibrer notre Féminin sacré quand ce dernier est en excès, par une exacerbation de notre Masculin sacré. Son huile essentielle est idéale pour ouvrir, harmoniser le chakra racine et accéder à un sentiment d'Unité de tous nos corps (physique, psychique, émotionnel, spirituel).

IL VOUS FAUT

5 cuil. à soupe d'huile d'olive

15 gouttes d'huile essentielle de cèdre de l'Atlas

1 petit jaspe rouge

1 petit flacon en verre, à col assez large pour y glisser la pierre

LA PRÉPARATION

Dans le flacon bien propre et sec, versez l'huile d'olive et l'huile essentielle de cèdre de l'Atlas.

Ajoutez le jaspe rouge et laissez-le infuser de 24 à 48 h pour qu'il mêle ses propriétés à celle du cèdre de l'Atlas et dynamise le mélange.

LE RITUEL

Versez l'équivalent d'1 cuil. à soupe d'huile dynamisée dans votre main.

En conscience, visualisez un cèdre de l'Atlas et massez-vous la plante des pieds avec le mélange réalisé.

Dites à voix haute, ou pensez : « *Cèdre de l'Atlas, je te remercie pour amener de solides fondations dans ma vie, et d'équilibrer mon Féminin sacré pour tes attributs yang. Gratitude.* »

Posez vos pieds sur la terre brute et visualisez un halo de lumière rouge tout autour de vos pieds.

FAVORISER LA SEXUALITÉ SACRÉE

Huile lunarisée tonifiante et harmonisante

L'ylang-ylang (*Cananga odorata*) est un arbre tropical aux fleurs très odorantes, à la fragrance suave et prenante. Son huile essentielle (que vous veillerez à choisir « complète », c'est-à-dire avec tous ses composants thérapeutiques) travaille particulièrement sur le chakra sacré et la zone utérine, berceau de la vie. Elle aide à retrouver sa juste place dans son corps physique tout en se libérant des déséquilibres affectifs et émotionnels qui nous fragilisent. C'est aussi un formidable aphrodisiaque féminin : ce rituel est idéal pour tonifier et harmoniser votre libido, avant un moment intime ou non.Si vous êtes avec votre partenaire, laissez-le réaliser ce massage. Mais c'est un travail d'harmonisation qui peut aussi tout à fait se faire seule.

IL VOUS FAUT

20 gouttes d'huile essentielle d'ylang-ylang complète

10 ml d'huile de sésame

1 petite cornaline brute (et/ou une topaze), pierres reliées au chakra sacré

1 petit quartz rose lié au chakra du cœur et à l'Amour

1 petit flacon en verre, à col assez large pour y glisser les pierres

LA PRÉPARATION

Dans le flacon propre et sec, mélangez l'huile de sésame et l'huile essentielle d'ylang-ylang.

Ajoutez les pierres de soin et laissez infuser de 24 à 48 h pour qu'elles mêlent leurs propriétés à celles de l'ylang-ylang. Laissez dehors toute la nuit lors d'une Pleine Lune, pour optimiser les effets.

LE RITUEL

Massez-vous le bas-ventre, entre le pubis et le nombril : c'est la *zone du chakra sacré, aussi appelé* Tan tien dans la tradition chinoise.

Faites de même sur la zone située en regard au niveau du bas du dos, dénommée *Ming men* : il s'agit de l'emplacement des vortex antérieur et postérieur du chakra sacré, qui alimentent une des couches de l'aura en prélevant du prâna. Laissez une main simplement posée sur chaque côté durant quelques minutes.

Huile lunarisée du Masculin sacré

Pour votre partenaire masculin, remplacez l'ylang-ylang par de l'huile essentielle de menthe bergamote, excellent aphrodisiaque pour les hommes et tonifiant du Masculin sacré.

HARMONISER SON FÉMININ SACRÉ
Huile rayonnante de présence féminine

L'absolue de jasmin d'Arabie ou jasmin sambac (*Jasminum sambac*) provient d'un arbuste oriental de la même famille botanique que l'olivier. Profondément relaxante et sédative nerveuse, elle apaise le mental et exacerbe nos ressentis physiques. Nous ancrant dans notre corps physique et nous aidant à réaliser notre matérialité, elle stimule et tonifie le chakra sacré, déployant et redonnant ainsi toute sa présence à un Féminin sacré timide et en voie de disparition. Son action puissante vous permettra de reprendre votre place de Femme, connectée aux mondes subtils mais puissamment ancrée sur Terre.

Vous rayonnerez cela différemment aux yeux du monde extérieur, et cela se ressentira sur votre bien-être et sur la façon dont les autres vous voient.

IL VOUS FAUT

10 ml d'huile végétale de rose musquée

5 gouttes d'absolue de jasmin sambac

1 toute petite calcite orange (assez petite pour entrer dans le roll-on)

1 petit roll-on en verre de 15 ml minimum

LA PRÉPARATION

Mélangez l'huile végétale de rose musquée et l'absolue de jasmin sambac. Ajoutez la calcite et laissez infuser de 24 à 48 h pour qu'elle mêle ses propriétés au mélange.

LE RITUEL

Appliquez cette huile harmonisante sur votre chakra sacré (c'est-à-dire la zone entre le nombril et le pubis), votre plexus solaire et votre jugulaire, 3 fois par jour pendant 1 semaine, dans les périodes où vous sentez que vous en avez besoin.

FAIRE TAIRE LES PENSÉES OBSESSIONNELLES

Huile « soleil intérieur »

L'huile essentielle de lavande officinale (*Lavandula angustifolia*) est connue pour son efficacité à apaiser l'anxiété et les douleurs. Son action anxiolytique a un effet indirect sur le sommeil, qu'elle induit, et l'humeur, qu'elle stabilise. Elle libère aussi la respiration en ouvrant le chakra du plexus solaire, ce qui retentit sur l'ouverture du chakra du cœur juste au-dessus. Elle clarifie le mental, le libérant des pensées obsessionnelles qui prennent toute la place et peuvent nous faire craquer.
Elle est donc utile pour les personnes qui ont du mal à se concentrer du fait de troubles de l'attention.

IL VOUS FAUT

10 ml d'huile de noyaux d'abricot

20 gouttes d'huile essentielle de lavande officinale

1 citrine de petite taille : c'est « LA » pierre associée au chakra du plexus solaire

1 petit flacon en verre, à col assez large pour y glisser la pierre

Veillez à utiliser de l'huile essentielle de lavande officinale, appelée aussi « fine » ou « vraie » et pas une autre *Lavandula*, comme un lavandin ou la lavande aspic, et surtout pas la lavande papillon.

LA PRÉPARATION

Dans le flacon propre et sec, mélangez l'huile de noyaux d'abricots et l'huile essentielle de lavande. Ajoutez la citrine et laissez infuser de 24 à 48 h pour qu'elle mêle ses propriétés à celle de la lavande officinale.

LE RITUEL

Demandez à un proche de réaliser un massage léger (= massage « bien-être » moins profond que le massage thérapeutique) avec ce mélange dans cet ordre : plexus solaire, puis les deux chaînes de ganglions du système nerveux autonome, de part et d'autre de la colonne vertébrale, et enfin les pieds.

RAMENER LE FLUX VITAL

Huile d'énergisation de l'aura « tigritude du tigre »

Le romarin à verbénone (*Salvia rosmarinus CT verbénone*) est une huile parfaite pour booster à différents niveaux. Elle soutient la concentration et la mémoire d'un point de vue physique, mais elle améliore aussi la torpeur psychique : elle nous donne la main pour nous relever après un moment difficile, que cela soit un traumatisme émotionnel ou une pathologie qui a amenuisé nos forces vitales. Elle ramène le flux vital et nous permet d'entamer une reconstruction.

Cette huile d'énergisation de l'aura vous aidera à harmoniser votre chakra du plexus solaire et à augmenter l'énergie vibratoire de tous vos corps.

IL VOUS FAUT

3 gouttes d'huile essentielle de romarin à verbénone

1 œil-de-tigre

LA PRÉPARATION

Placez l'œil-de-tigre sur votre peau, au centre de votre soutien-gorge, au niveau du chakra du plexus solaire. Vous pouvez aussi le faire tenir avec un long foulard noué.

LE RITUEL

Ce massage énergétique global s'effectue en passant les mains à quelques centimètres du corps, en surplomb, sans le toucher.

Déposez 3 gouttes d'huile essentielle de romarin dans vos paumes et frottez-les énergiquement l'une contre l'autre.

Placez vos mains au-dessus de votre plexus solaire et ressentez la vibration que vous émettez. N'hésitez pas à rester ainsi quelques minutes, les yeux fermés, pour vous concentrer et libérer votre énergie intérieure, jusqu'à ressentir sa vibration.

Passez ensuite votre main gauche autour de votre bras droit sans le toucher. Faites de même pour le bras gauche, cette fois avec la main droite, tout en continuant à vous concentrer sur l'énergie captée.

Repartez du chakra du plexus solaire et passez vos mains à quelques centimètres de la face avant de vos jambes, en descendant des cuisses jusqu'aux pieds, puis en remontant par la face arrière.

Arrêtez-vous au niveau du dos, en regard de la zone du chakra du plexus solaire. Laissez une main à l'arrière, toujours sans toucher. Ramenez l'autre à l'avant.

Au bout de quelques minutes, vous vous sentirez pleinement énergisé(e). Gardez cette sensation en vous durant tout le reste de la journée.

S'OUVRIR À L'ÉNERGIE DE L'AMOUR

Lait corporel d'amour envoûtant

La rose de Damas (*Rosa damascena*) nous connecte à l'amour charnel par ses vertus d'acceptation du désir et du plaisir. Elle nous aide à nous connecter à l'énergie la plus puissante de l'Univers, l'Amour, sous tous ses aspects : physiques, psychiques, émotionnels et spirituels. Elle nous aide à nous aimer nous-même, pour ensuite mieux aimer et mieux aider les autres. L'huile végétale de rose musquée détient les propriétés de la rose, en lien avec le chakra du cœur mais aussi une fleur aphrodisiaque. C'est une huile issue des fruits, donc du produit de la reproduction.

IL VOUS FAUT

1 flacon de 200 ml de lait pour le corps neutre (sans parfum) et rempli à moitié (environ 100 ml)

30 gouttes d'huile essentielle de rose de Damas

30 ml d'huile végétale de rose musquée

1 petit quartz rose (qui passe par le col du flacon)

LA PRÉPARATION

Ajoutez 30 gouttes d'huile essentielle de rose de Damas (voir encadré) et 30 ml d'huile végétale de rose musquée dans le flacon de lait pour le corps. Mélangez bien.

Ajoutez le quartz rose et laissez infuser de 24 à 48 h pour qu'il mêle ses propriétés à celles de la rose.

LE RITUEL

Appliquez ce lait d'Amour sur votre corps après la douche. Ce faisant, visualisez une aura rose et verte (les couleurs du chakra du cœur) émaner de votre corps et vous enveloppant entièrement.

Réalisez à quel point vous vous aimez, pleinement et inconditionnellement, et prenez conscience que cet Amour rentre en résonance avec celui que l'Univers a pour vous.

Variante au bois de rose ou au géranium rosat

Si l'achat d'huile d'essentielle de rose (de Damas ou centifolia) est trop onéreux, vous pouvez la remplacer par la même quantité d'huile essentielle de bois de rose ou de géranium rosat, ou encore 1 cuil. à soupe d'eau florale de rose.

FAIRE PÉTILLER SON CŒUR

Gel douche « joie d'enfant »

L'essence d'orange douce (*Citrus x sinensis*), à acheter en agriculture biologique, est un véritable « doudou » pour l'enfant intérieur que nous portons tous en nous. Son odeur douce et familière apaise immédiatement notre cœur et nos souffrances émotionnelles. Revitalisante psychique, elle amène l'optimisme dans notre vie et nous fait ressentir l'exaltation d'un enfant qui s'émerveille. Elle est aussi anxiolytique, tonifiante et antidéprime.

Huile essentielle et essence : quelle différence ?

Une huile essentielle est obtenue par distillation à la vapeur d'eau dans un alambic, qui produit également les hydrolats aromatiques, ou les eaux florales, quand l'organe distillé est une fleur.

Pour les *Citrus*, dont les composés aromatiques sont particulièrement fragiles, on utilise principalement l'expression, c'est-à-dire que l'on presse leurs zestes pour en faire extraire l'essence aromatique.

IL VOUS FAUT

100 ml de base lavante sans parfum
50 gouttes d'essence d'orange douce
1 petite malachite (qui passe par le col du flacon de base lavante)

LA PRÉPARATION

Ajoutez l'essence d'orange douce dans le flacon de base lavante, puis secouez énergiquement. Ajoutez la malachite et laissez infuser de 24 à 48 h pour qu'elle mêle ses propriétés à celle de l'orange douce.

LE RITUEL

Utilisez ce mélange pour laver votre corps mais aussi faire pétiller votre cœur et laver vos excès d'émotions négatives.

Visualisez tout cela pendant votre douche ou votre bain : l'eau qui sort du pommeau emmène avec elle ces émotions que vous ne désirez plus porter en vous et les évacue dans la bonde. Cela peut être la colère, la tristesse, l'envie, la rébellion, le regret… Ressentez pleinement le lâcher-prise et simplement la joie d'être sur Terre à cet instant.

DIRE SA VÉRITÉ, LIBÉRER SA PAROLE, EXPRIMER SON MOI INTÉRIEUR

Brume émotionnelle laurier noble et fluorite

L'huile essentielle de laurier noble (*Laurus nobilis*) est celle des vainqueurs qui portaient jadis une couronne de laurier sur la tête.
Elle amène un esprit conquérant et triomphant, nous aidant à traverser les épreuves qui pourraient nous figer.
Elle libère la parole, nous permettant de parler en débloquant la boule dans la gorge et dire ce que nous ressentons sans honte ni crainte, mais avec les mots justes.
La fluorite prolonge cet effet car elle ouvre la parole et soutient la réflexion.

IL VOUS FAUT

30 ml d'alcool à 70°

10 gouttes d'huile essentielle de laurier noble

1 petite fluorite

quelques fleurs des champs fraîches ou séchées

1 petit vaporisateur en verre, propre et sec, à col assez large pour faire passer la pierre

LA PRÉPARATION

Versez l'alcool et l'huile essentielle dans le vaporisateur. Mélangez bien.

Ajoutez la fluorite et laissez infuser 24 à 48 h pour qu'elle diffuse ses propriétés à votre brume émotionnelle.

Terminez en ajoutant quelques fleurs des champs (non toxiques) dans le flacon.

LE RITUEL

Dans les moments où vous avez besoin de libérer le chakra de la gorge, pulvérisez cette brume aromatique dans l'atmosphère, par exemple, pour dire les choses clairement et posément à votre compagne ou compagnon ; ou sur les rideaux avant une méditation qui vous invite à partir à la rencontre de votre Moi intérieur ; ou encore sur un mouchoir avant de prendre la parole devant un public.

RETROUVER INSPIRATION ET CRÉATIVITÉ

Stick « inspiration »

L'huile essentielle d'eucalyptus radié (*Eucalyptus radiata*) favorise la respiration et l'oxygénation. Ce faisant, elle nous amène la force vitale de ces grands et majestueux arbres adaptés à des conditions difficiles de vie. L'enracinement, la force de vie et l'élan respiratoire ainsi soutenus ouvrent la porte à l'inspiration, à la créativité et à la liberté.

IL VOUS FAUT

10 gouttes d'huile essentielle d'eucalyptus radié
1 stick inhaleur non utilisé (« vierge »)
1 toute petite calcite bleue

LA PRÉPARATION

Sortez la mèche, posez-la à côté de la calcite. Coupez-la à la même longueur que la pierre, de façon à ce que celle-ci puisse prendre ensuite, dans le tube, la place de la partie de mèche supprimée.

Imbibez la mèche avec l'huile essentielle d'eucalyptus.

Placez la pierre au fond du tube, puis replacez la mèche et refermez le tout. Laissez infuser de 24 à 48 h pour que la calcite mêle ses propriétés à celles de l'eucalyptus.

LE RITUEL

Glissez le stick dans votre sac et prenez une grande inspiration à chaque fois que vous avez besoin… d'inspiration !

ATTENTION
Ne pas utiliser l'eucalyptus radié chez l'enfant de moins de 3 ans, les personnes asthmatiques ou épileptiques, et les femmes enceintes (1er trimestre).

PERCEVOIR LES MESSAGES DU PLAN ANGÉLIQUE

Huile « contact avec les Anges »

IL VOUS FAUT

10 gouttes d'huile essentielle d'angélique

10 ml d'huile de macadamia

1 petite angélite

1 petit flacon en verre, à col assez large pour y glisser la pierre

LA PRÉPARATION

Dans le flacon propre et sec, mélangez l'huile de macadamia et l'huile essentielle d'angélique. Ajoutez l'angélite et laissez infuser de 24 à 48 h pour que la pierre diffuse ses propriétés à l'huile.

LE RITUEL

Massez en profondeur les points correspondant, en réflexologie plantaire, à la glande pinéale (à l'arrière du gros orteil).

L'huile essentielle de racine d'angélique *archangélique* (Angelica archangelica) nous connecte à la fois au monde matériel, mais aussi aux mondes subtils. Puissamment anxiolytique, calmante et sécurisante, elle amène la paix et consacre un espace sacré à l'intérieur de nous — notre fameux « jardin secret ». L'herbe aux anges (dont l'étymologie souligne sa fonction de messagère) permet d'ouvrir notre chakra du 3e œil, physiquement représenté par la glande pinéale, afin de percevoir les messages du monde angélique.

L'angélite est liée au chakra du 3e œil, qu'elle harmonise, mais aussi à celui de la gorge, favorisant l'intuition.

OUVRIR SES PERCEPTIONS EXTRASENSORIELLES

Infusion « clairvoyance »

L'huile essentielle de camomille noble (*Chamaemelum nobile*) amène le calme et apaise la colère. Elle aide en cas d'agitation physique et psychique excessive et de manque de patience, surtout dans les situations d'adversité. Elle affine notre intuition et aide à mieux percevoir les messages, les rêves, les informations et les réalités sous-jacentes.

IL VOUS FAUT

1 goutte d'huile essentielle de camomille romaine

1 sachet de thé vert ou 1 infusette de fleurs de camomille

1 petit lapis-lazuli nettoyé et rechargé

1 tasse d'eau

LA PRÉPARATION

Déposez l'huile essentielle de camomille sur le sachet de thé (ou l'infusette), puis faites infuser 5 min dans 1 tasse d'eau frémissante avec le lapis-lazuli.

LE RITUEL

Pendant que le breuvage infuse, libérez-vous des pensées obsédantes, des énergies négatives et faites le vide en vous pour pouvoir accueillir les images et messages en clairaudience, clairvoyance, clairconnaissance, etc.

Puis ôtez le sachet (ou l'infusette) et la pierre. Buvez cérémonieusement en visualisant un vortex bleu foncé s'ouvrir entre vos deux yeux physiques, où se trouve le chakra du 3e œil. Soyez attentif(ve) à ce qui se passe au niveau subtil et invisible dans la pièce où vous vous trouvez. Percevez-vous des images, des messages, des sons avec vos capacités extrasensorielles ? Voyez-vous apparaître des phénomènes dans votre champ de vision périphérique ? En quoi ces éléments vous apportent-ils des réponses dans votre situation actuelle ? Prenez le temps d'analyser ce que vous avez reçu...

FAVORISER L'ÉTAT MÉDITATIF

Brume aromatique « plénitude méditative »

L'huile essentielle d'encens oliban (*Boswellia sacra*) a été utilisée de tout temps pour faire monter les prières au Créateur, au Grand-Tout, auquel elle nous relie. Elle aide notre esprit à s'élever, et nos corps à vibrer plus haut.
Purifiante, elle aide à la concentration et à la méditation en calmant notre mental agité. Nous sommes alors pleinement conscient(e) de qui nous sommes : un être spirituel venu sur Terre pour expérimenter l'incarnation et les tornades émotionnelles humaines.

IL VOUS FAUT

3 à 5 gouttes d'huile essentielle d'encens oliban

1 cristal de roche

1 diffuseur-humidificateur d'huile essentielle

LA PRÉPARATION

Mettez l'huile essentielle d'encens oliban et le cristal de roche dans le réservoir rempli d'eau de votre diffuseur, puis allumez ce dernier.

LE RITUEL

Asseyez-vous ou couchez-vous à côté du diffuseur. Inspirez profondément et lentement. Imaginez que cette brume aromatique vous intègre dans tous les mondes, visibles et invisibles, dans lesquels vous vous trouvez présentement.

Concentrez-vous sur votre respiration, la sensation de l'air partout où il passe.

Si des pensées parasites vous assaillent, imaginez un parapluie déployé au-dessus de vous, qui les empêche de vous atteindre. Dites-leur que vous les prendrez en considération après ce moment que vous vous offrez.

SE CONNECTER AU GRAND-TOUT

Olfactothérapie pour se fondre dans l'Énergie universelle

L'huile essentielle de myrrhe (*Commiphora myrrha*) provient d'une résine sacrée depuis l'Antiquité. Elle calme les douleurs des personnes en fin de vie, les accompagnant vers leur nouvelle vie dans l'au-delà. Sa dimension mystique aide à la transmutation. Elle nous aide à reconnaître la Lumière en nous aidant à bien vivre notre matérialité.

IL VOUS FAUT

1 petit flacon d'huile essentielle de myrrhe

1 améthyste

LE RITUEL

Déposez 1 goutte d'huile essentielle de myrrhe sur votre chakra couronne (au sommet de votre tête) et visualisez une fontaine jaillir vers le ciel, vous connectant au Grand-Tout, à l'énergie universelle.

Prenez l'améthyste dans vos mains placées en namasté contre votre chakra du cœur.

Ensuite, ouvrez le flacon d'huile essentielle et inspirez profondément sur 5 temps, puis expirez doucement, par le nez, sur 5 temps également.

Représentez-vous les molécules aromatiques de l'huile essentielle entrer dans chaque cellule de votre corps, en abolissant les frontières physiques pour les faire fusionner avec le Grand-Tout.

Retrouver l'Harmonie intérieure

ÉMOTIONNELLE ET SPIRITUELLE

CHASSER LES ÉNERGIES DÉRANGEANTES

Fumigation synergique ultrapuissante

Ce rituel vous permettra de nettoyer votre maison si vous vous y sentez mal à l'aise ou que vous entendez et/ou voyez des phénomènes anormaux. Pour le pratiquer, vous devez être dans de très bonnes dispositions psychiques, vous sentir « bien dans vos baskets » et « solide comme un roc ». Vous éviterez ainsi d'être parasité(e) ou « vampirisé(e) » par une entité néfaste présente autour de vous, car vous vibrerez trop haut pour elle. Selon certaines situations, il se peut toutefois que cela ne suffise pas, et qu'il vous faille faire appel à un médium ou un géobiologue. Les trois éléments utilisés (la sauge, le palo santo et le cristal de roche) sont de puissants outils de nettoyage et de fumigation qui agissent en synergie quand on les associe.

IL VOUS FAUT

1 bâton de sauge blanche écoresponsable (voir page 55) ou de sauge officinale

1 fragment de palo santo

1 pointe brute de cristal de roche

1 abalone (coquille d'ormeau)

1 plume ou 1 éventail de fumigation

LA PRÉPARATION

Nouez ensemble le bâton de sauge, le palo santo et la pointe de cristal de roche, en réalisant une méditation de pleine conscience : soyez entièrement absorbée par ce que vous faites, sans vous laisser perturber ni déranger.

LE RITUEL

Placez-vous dans la pièce principale de la maison, celle où il y a le plus de vie (le séjour en général), et dites ou pensez : *« Je suis maître en ma maison. Je décide qui peut rester ici ou qui doit partir. Par ce puissant outil de nettoyage, je chasse tout esprit malfaisant et toute négativité de mon domicile, qui s'en ira avec la fumée de cet outil. »*

Allumez le bâton et posez-le sur un abalone. Celui-ci en main, déplacez-vous dans la maison de façon à disperser la fumée dans chaque pièce puis le long de chaque mur ; insistez dans les coins, les placards, les tiroirs, ainsi que derrière les portes. Faites cela dans toutes les pièces l'une après l'autre, en procédant dans le sens des aiguilles d'une montre.

Cela fait, refaites la même chose en sens inverse, car on nettoie souvent des endroits différents à l'aller et au retour.

Durant tout le processus, visualisez tout ce qui est néfaste être emprisonné par la fumée, cette dernière formant une cloche de protection englobant votre maison.

Nettoyez ensuite tous les sols. Dans 3 litres d'eau tiède additionnée de votre produit ménager habituel, ajoutez 30 gouttes d'essence de citron jaune et 30 gouttes d'huile essentielle d'eucalyptus radié, aux vertus profondément purifiantes et assainissantes.

Terminez en vous purifiant vous-même : passez votre corps dans la fumée de fumigation [veillez à ne pas vous brûler]. N'oubliez pas de passer le bâton sous vos pieds, vos bras, et à l'arrière de votre dos.

Ouvrez toutes les fenêtres et portes et visualisez les miasmes être éjectés de votre habitation, par votre volonté.

Après tout cela, enterrez le reste du bâton associé au cristal de roche au pied d'un arbre, entre ses racines, pour le purifier.

SE SOUVENIR DE SES RÊVES, FAIRE DES RÊVES PRÉMONITOIRES OU LUCIDES

Brume aromatique d'oreiller et cristaux

Cette brume aromatique vous aidera à vous souvenir de vos rêves et à augmenter la fréquence des rêves prémonitoires ou lucides. Le romarin est l'herbe de la mémoire et repousse les mauvais rêves. La camomille romaine favorise le sommeil et les rêves, et c'est aussi la plante de l'introspection. Le calendula favorise les rêves prémonitoires et les pouvoirs psychiques. Les cristaux associés renforcent les effets des plantes.

IL VOUS FAUT

27 ml d'hydrolat de romarin

60 gouttes d'huile essentielle de camomille romaine

du baume ou du macérat huileux au calendula (voir page 21)

DES FLEURS FRAÎCHES OU SÉCHÉES DE

camomille romaine (1 cuil. à soupe)

calendula ou souci (1 cuil. à soupe)

DE PETITS CRISTAUX FAVORISANT LES RÊVES PRÉMONITOIRES ET LES POUVOIRS PSYCHIQUES

améthyste, obsidienne noire, cristal de roche...

70 ml d'alcool à 70°

1 vaporisateur en verre

LE RITUEL

LE SOIR AVANT DE VOUS COUCHER

Réalisez une brume sacrée avec l'hydrolat, les fleurs de camomille et de calendula, et les cristaux (voir recette page 146).

Pulvérisez la brume sacrée dans votre chambre.

Pour augmenter les effets de la brume sacrée et des pierres de soin, déposez 1 tête d'épingle de baume au calendula ou 1 goutte de macérat huileux de calendula sur votre 3e œil.

En pensée ou à voix haute, posez votre intention de vous souvenir de vos rêves et/ou de faire des rêves prémonitoires.

Placez un bloc-notes et un stylo sur votre table de chevet. Puis pulvérisez votre brume sacrée deux à trois fois sur votre oreiller avant de vous coucher.

LE LENDEMAIN, AU RÉVEIL

Inscrivez directement sur votre bloc-notes tout ce dont vous vous souvenez. Essayez de voir en quoi cela résonne avec les événements de votre vie et pourrait éventuellement vous apporter une guidance concernant vos incertitudes du moment.

Un rêve prémonitoire est un rêve qui nous donne des indications sur ce qui pourrait se passer dans le futur le plus probable parmi l'infinité de futurs potentiels qui existent à l'instant T. Un rêve lucide est un rêve lors duquel on sait qu'on est en train de rêver. Avec un peu de pratique, on a donc une certaine capacité à changer son cours...

Si vous souhaitez fabriquer vos propres bougies

Achetez des feuilles de cire d'abeille. Pour chaque bougie, posez une feuille à plat devant vous, disposez une mèche à l'une des extrémités, puis parsemez la feuille de cire des pétales de roses et fleurs, ainsi que de tout petits cristaux de quartz rose. Ensuite, roulez votre feuille de façon à obtenir une bougie.

ATTIRER L'AMOUR

Bougie « grand amour »

Ces bougies vous permettront d'attirer l'amour en y ajoutant les arômes et les énergies de plantes judicieusement choisies. Pendant la fabrication, mettez toutes vos intentions dans les bougies de façon à les remplir de bonnes vibrations.

Il vous faut

1 poignée de pétales de roses et de fleurs de lavande et pâquerettes

50 ml d'huile de sésame non toastée ou d'une huile végétale peu odorante

10 gouttes d'huile essentielle de géranium rosat

10 gouttes d'huile essentielle de lavande

1 petit quartz rose

La préparation

Faites macérer les fleurs dans l'huile végétale. Placez le quartz rose dans la bouteille, que vous laisserez une nuit à la lumière de la Pleine Lune. Il ne vous reste plus ensuite qu'à oindre vos bougies (roses si possible) de ce mélange !

Pour appeler l'Amour pour vous et dans votre maison, allumez vos bougies, en pleine conscience et avec toute votre intention de trouver l'amour, en prononçant des phrases telles que : « *Être aimé, viens à moi !* »

Placez vos bougies derrière vos fenêtres afin qu'elles soient visibles de l'extérieur, et laissez-les se consumer jusqu'au bout (sous surveillance).

RETROUVER CONFIANCE EN SOI ET COURAGE

Pot-pourri et sachet-médecine « force intérieure »

IL VOUS FAUT

DES FEUILLES SÉCHÉES DE

laurier (confiance en soi, guérison, sagesse, inspiration et divination)

menthe poivrée (purification, guérison et renouveau)

DES FLEURS OU PÉTALES DE

tournesol (amour de soi, confiance en soi, positivité)

pissenlit (chance, espoir, réalisation des vœux, équilibre et joie)

achillée millefeuille (bannissement de la peur, courage, protection et guérison)

DES ÉPICES

des graines de fenouil (courage et force)

des étoiles de badiane (clairvoyance, joie et chance)

des gousses de cardamome verte (chaleur et passion, mais aussi relaxation, clarté mentale et éloquence)

DES FRUITS SÉCHÉS

des cynorhodons (amènent la chance et les esprits bienfaisants dans les sorts de guérison)

des tranches de citron vert (tranquillité et joie)

des tranches de citron jaune (nettoyage, protection et purification spirituelle)

DES HUILES ESSENTIELLES DE

laurier noble

citron jaune

menthe poivrée

Le pot-pourri

Choisissez un joli récipient plutôt plat, à col largement ouvert, dans le matériau de votre choix, transparent ou non.

Disposez-y harmonieusement les différents végétaux préalablement séchés à l'air libre ou au four à basse température (autour de 50 °C).

Ajoutez 5 gouttes de chaque huile essentielle. Mélangez le tout.

Placez le pot-pourri sur votre autel *(voir ci-dessous)* ou sur un meuble, bien en vue, jusqu'à ce que vous ressentiez ne plus en avoir besoin.

Le sachet-médecine

Prélevez 1 poignée de votre pot-pourri et placez les végétaux dans 1 petit sac en coton ou en lin. Refermez-le avec une jolie cordelette rouge, couleur qui booste la confiance en soi et donne du courage.

Emportez votre sachet-médecine partout avec vous, dans votre sac ou votre poche.

Un autel est un espace sacré, au sol, sur un meuble ou dans la nature, sur lequel on pose des objets ayant un sens particulier et profond pour nous : bougies, fleurs, cristaux, bijoux, livres, sculptures en bois ou en argile, représentations de saints, d'archanges, d'animaux totem, oracles, pendule, boule de cristal, bol tibétain...

OUVRIR SON 3E ŒIL ET AMÉLIORER SON INTUITION

Fumigation d'armoise et sauge officinale, huile sacrée de l'Himalaya

L'armoise est utilisée depuis longtemps en fumigation pour induire des rêves lucides, pour la protection astrale et pour améliorer les pouvoirs psychiques. Elle favorise les prophéties et la juste divination.
La sauge encourage la sagesse, aide à se connecter à son intuition, augmente les vibrations de la maison et améliore l'état méditatif.

Plante sacrée, le nard de l'Himalaya contient une huile essentielle purifiant les espaces et les auras. Favorisant le lâcher-prise, cette huile essentielle est particulièrement utile pour faire son deuil ou pour aider une personne mourante à se laisser partir.

Aujourd'hui victime de son succès, le nard de l'Himalaya subit une diminution drastique de sa population sauvage. Afin de lui laisser une indispensable accalmie pour sa survie, vous pouvez remplacer son huile essentielle par celle de pruche (*Tsuga canadensis*), ou de néroli, également appelé fleur d'oranger amer (*Citrus aurantium ssp aurantium*).

IL VOUS FAUT

pour la fumigation

1 bâton de fumigation de sauge et d'armoise

pour l'huile sacrée

10 gouttes d'huile essentielle
de nard de l'Himalaya ou une huile essentielle
de remplacement (voir encadré)

10 ml d'huile de noyaux d'abricot

10 gouttes d'huile essentielle d'encens oliban

10 gouttes d'huile essentielle de myrrhe

LE RITUEL

La fumigation

Avec une forte intention, dites à voix haute ou mentalement ce que vous souhaitez obtenir. Par exemple : « *Je souhaite ouvrir mon 3e œil pour améliorer mon intuition et recevoir plus de messages des mondes invisibles.* »

Allumez votre bâton de fumigation en gardant cette intention très présente. Faites passer la fumée autour de votre tête, puis le long de vos bras, sous les aisselles, autour du buste, le long des jambes et sous vos pieds. Ensuite, aérez pour évacuer les entités négatives chassées de votre corps.

L'huile sacrée

Mélangez l'huile de noyaux d'abricots et les huiles essentielles.

Massez la zone de votre 3e œil avec 2 gouttes de cette huile sacrée.

Visualisez le vortex du chakra du 3e œil, tel un cyclone bleu foncé positionné entre vos deux yeux physiques. Imaginez ce vortex s'élargir et tourner rapidement et régulièrement : il s'ouvre sur l'énergie universelle dans laquelle nous baignons, aspirant et captant des informations des dimensions subtiles et des mondes invisibles autour de nous.

Gardez cette visualisation avec vous toute la journée, et soyez à l'écoute des messages et des informations qui pourraient venir à votre conscience.

SE CONNECTER AUX ÉNERGIES DRUIDIQUES

Élixir pétillant aux fleurs de Brocéliande

LE SUREAU, ARBRE MAGIQUE DES DRUIDES

Arbre sacré, appelé également « Dame Sureau », on le nomme encore « arbre aux fées » lorsqu'il porte ses fleurs blanches, et « arbre aux sorcières » quand il présente ses baies noires.

Dans la région de Brocéliande, on pense que chaque fleur abrite une fée : il faut donc être extrêmement précautionneux lorsqu'on les récolte, pour ne pas déranger ces êtres garants de protection. Cet arbre peut d'ailleurs être planté près de chez soi ou porté sur soi pour garantir la protection.

Le sureau aide à établir le contact entre le visible et l'invisible, symbole de la vie éternelle. Les Druides utilisaient ses jeunes branches pour confectionner des flûtes sacrées, permettant de se connecter aux âmes désincarnées. Les sorcières aimaient utiliser ce bois pour confectionner leurs baguettes.

Demandez toujours l'autorisation à un arbre avant d'effectuer un prélèvement sur lui.

Breuvage divin, cet hydromel druidique est destiné à nous reconnecter aux énergies druidiques d'antan, tout en restant bien ancré(e) dans le présent et la convivialité. Floral et pétillant, empreint des vibrations sylvestres, il allège nos cœurs et nos têtes, et est idéal dans les moments festifs avec nos proches.

IL VOUS FAUT

1 poignée de fleurs de violette odorante séchées

1 poignée de fleurs blanches de sureau noir séchées

10 cl de miel

400 cl d'eau de source

LA PRÉPARATION

Mettez le miel dans un saladier en verre, en remerciant les abeilles pour ce nectar, fruit de leur dur labeur.

Ajoutez l'eau de source et remplissez-vous de gratitude pour ce liquide vital, « sang » de notre Terre-Mère. Mélangez doucement à la cuillère en bois.

Ajoutez les fleurs de violette en pluie au-dessus du liquide obtenu. Mélangez à nouveau. Représentez-vous mentalement les sous-bois frais couverts de mousse et de fougères où les violettes aiment pousser.

Terminez par les fleurs de sureau et mélangez doucement à la cuillère en bois. Visualisez le sureau duquel elles proviennent, et remerciez-le intérieurement pour sa générosité.

Mélangez une dernière fois et versez le tout en bouteille ou dans un bocal à fermeture.

Laissez fermenter une quinzaine de jours. Si vous le pouvez, déposez le récipient dans les herbes ou sur la mousse d'un sous-bois, au pied d'un sureau (ou d'un autre arbre qui vous attire).

Dégazez régulièrement : ouvrez la bouteille pour laisser s'échapper les gaz de fermentation et éviter qu'elle n'explose.

Chaque fois que vous confierez votre récipient à la forêt, remerciez-la pour sa bienveillance et sa présence indéfectible.

Au bout de 15 jours, filtrez et versez dans un récipient propre. Placez dans un lieu frais et à l'abri de la lumière (dans une cave par exemple) et continuez à dégazer régulièrement. Vous obtiendrez une agréable boisson florale et pétillante.

LE BREUVAGE

Quand vous le dégusterez, visualisez-vous empli(e) de la magie de la forêt, vitalisé(e) par l'énergie druidique qui y a persisté depuis plusieurs millénaires...

À savoir

Ce breuvage est légèrement alcoolisé du fait de la fermentation des sucres du miel par les ferments présents dans les fleurs : cela donne naissance aux bulles et à de faibles quantités d'alcool (éthanol).

ATTENTION

Si vous faites vos propres cueillettes, soyez sûr(e) d'avoir bien identifié le sureau noir, *Sambucus nigra*.

COUPER LES LIENS

Spell jar de séparation

IL VOUS FAUT

1 grosse poignée de poivre noir
1 cuil. à soupe de piment en poudre
1 citron
3 piments séchés
quelques épingles noires ou à tête noire
quelques clous en métal
1 peu de sel de mer
3 gouttes de chaque huile essentielle suivantes : petit-grain bigarade (pour les cœurs blessés), estragon (contre la dépendance), cyprès (accompagne les périodes de séparation)

Cette spell jar vous aidera à vous séparer de quelqu'un avec qui vous ne souhaitez plus avoir de liens physiques et/ou émotionnels dans votre vie.

Pendant tout le processus, dites ou pensez avec intention : « *Par ce rituel, je me sépare physiquement et/ou émotionnellement de (son prénom). Moi (votre prénom), suis désormais libéré(e) de toute attache qui me liait à elle/lui.* »

Purifiez un petit pot en verre propre (type pot à confiture) en y glissant un bâton d'encens allumé que vous ferez tourner pour en nettoyer l'intérieur.

Sur une bandelette de papier, inscrivez le nom de la personne dont vous souhaitez vous séparer (conjoint, ami, collègue…).

Versez le piment dans une coupelle.

Coupez le citron en deux et trempez chaque moitié (côté chair) dans le piment. Glissez la bandelette de papier entre les deux moitiés et refermez le citron. Fixez chaque partie avec l'autre avec les épingles noires.

Placez le poivre noir dans le pot, ajoutez le citron, les piments, les clous et enfin le sel de mer. Fermez le pot.

Mélangez les huiles essentielles et frictionnez-en la bougie. Allumez cette dernière et utilisez la cire qui coule pour sceller le couvercle de la spell jar.

Placez la spell jar sur votre autel ou, à défaut, à un endroit visible.

Quand vous considérez que la séparation est effective, videz le pot et lavez-le.

BANNIR LES PEURS ET L'ANXIÉTÉ

Spell jar « chasse-diable »

IL VOUS FAUT

du sel rose de l'Himalaya (protection, nettoyage, chasse la peur et la négativité)

des fleurs sèches de lavande (calme) et de camomille (relaxation et apaisement)

des petits boutons de rose (amour de soi)

des feuilles sèches de romarin (contre le stress et l'anxiété)

de toutes petites améthystes (chassent et la peur, équilibrent les changements d'humeur)

de tout petits œil-de-tigre (amènent courage et force intérieure)

de toutes petites fluorites (neutralisent le stress et l'énergie négative)

1 petite bouteille en verre transparent à bouchon de liège

1 bâton d'encens

Purifiez la bouteille en y glissant un bâton d'encens allumé que vous ferez tourner pour en nettoyer l'intérieur.

Rédigez une courte incantation sur une bandelette de papier, comme : « *Je bannis ma peur de ne pas être à la hauteur et ma peur de ce qui pourrait m'arriver dans le futur.* »

Roulez-la et placez-la dans la bouteille.

Ajoutez le sel de l'Himalaya, les fleurs et les cristaux. Fermez la bouteille et scellez-la avec de la cire. La cire violette symbolise la spiritualité, la cire vert foncé, la santé psychique, et la cire noire, la puissance.

Trouvez un endroit où enterrer votre spell jar. Pour vous y rendre, vous devrez marcher pieds nus sur la terre fraîche pour vous reconnecter à l'électromagnétisme de la Terre et vous recharger presque instantanément en électrons. Cet afflux régénérateur soulage l'anxiété, l'hypersensibilité, les dépressions… parmi tant d'autres.

Enterrez la spell jar en visualisant l'intention avec laquelle vous l'avez réalisée.

Remerciez la Terre-Mère d'accueillir vos peurs et angoisses, puis détachez-vous d'elles et abandonnez-les là.

Philtre d'amour à la rose et à la framboise

Ce philtre d'amour nous fait immédiatement voyager dans les huttes des druides ou des sorcières. Il répond à un grand nombre de demandes intemporelles : faire venir ou revenir le Grand Amour dans sa vie.

IL VOUS FAUT

du sucre de canne brut (type Muscovado ou Demerara) ou du sucre de coco

des pétales frais de rose ancienne odorante (par exemple rose de Damas ou rose centifolia, ou d'autres roses exhalant des odeurs de framboisées ou fruitées...)

des framboises fraîches

LA PRÉPARATION

Dans un bocal propre, déposez 1 couche de pétales de rose sur environ 1 cm d'épaisseur. Remerciez la plante et notre Terre-Mère pour leur don généreux.

Continuez avec 1 couche de sucre de même épaisseur, puis 1 couche de framboises, et à nouveau 1 couche de roses, 1 couche de sucre, 1 couche de fruits... et ainsi de suite jusqu'à remplir tout le bocal.

Fermez le bocal puis posez vos mains sur le couvercle en disant à voix haute ou mentalement : « *J'appelle dans ce bocal l'alchimie de l'Amour. Que toute personne qui boira ce nectar sacré soit comblée dans sa vie amoureuse.* » Placez le bocal à proximité d'une source de chaleur ou optez pour la solarisation en le plaçant au soleil (évitez les heures les plus chaudes).

Une fois tous les ingrédients fondus, filtrez le contenu du bocal et versez-le dans une bouteille stérilisée, en ajoutant 1 quartz rose (pour l'amour de soi et des autres).

LE BREUVAGE

Utilisez ce sirop en le diluant avec de l'eau, du crémant, de la limonade...

Infusion druidique aux épices et fruits séchés

Inspirée des pratiques druidiques, cette infusion à base de fruits et épices séchés vous sera bénéfique en hiver, particulièrement si vous êtes refroidie ou fatiguée.

IL VOUS FAUT

1 poignée de dés de pomme séchée
1 poignée de dés de poire séchée
1 poignée de dés de coing séché
1 poignée de baies de sureau noir séchées
1 poignée de myrtilles sauvages séchées
1 cuil. à soupe de dés de gingembre séché
1 cuil. à soupe d'écorce de cannelle en morceaux
1 cuil. à soupe de badiane (anis étoilé)

LA PRÉPARATION

Dans un grand bol en bois ou en verre, mélangez les fruits séchés et remerciez la terre locale pour sa générosité et ses fruits délicieux. Ajoutez les épices et mélangez à nouveau en ressentant un élan de gratitude pour la terre lointaine qui les a offertes.

LE BREUVAGE

Faites infuser 1 cuil. à café du mélange dans 200 ml d'eau frémissante pendant 10 minutes. Filtrez et buvez dans un moment calme et apaisé, en connexion avec toutes les terres fertiles ayant fourni les ingrédients, mais aussi avec tous les druides, hommes et femmes, qui ont soigné leurs semblables durant des millénaires.

Vin médicinal « chasse-diable » au millepertuis

Ce vin médicinal est réputé depuis longtemps pour ses vertus « chasse-diable », c'est-à-dire qu'il ramène la lumière lorsqu'on a des idées noires, booste le moral et fait revenir la joie de vivre.

IL VOUS FAUT

du millepertuis perforé (*Hypericum perforatum*) frais ou séché (idéalement cueilli vers le solstice d'été)
1 cuil. à soupe de sucre
du vin bio (blanc, rosé ou rouge)
1 bocal en verre

ATTENTION : voir les précautions d'emploi du millepertuis, page 28.

LA PRÉPARATION

Remplissez le bocal avec les sommités fleuries de millepertuis, sans tasser. Recouvrez de vin. Ajoutez le sucre. Fermez le bocal et laissez-le 1 semaine au soleil (le millepertuis est une plante hautement solaire).

Visualisez l'énergie du soleil entrer dans la préparation.

Laissez ensuite macérer au moins 2 mois dans un endroit frais. Si vous utilisez du vin blanc, il se teintera de rouge avec le temps. Filtrez et conservez au frais.

LE BREUVAGE

Buvez 1 petit verre de ce vin médicinal 1 à 2 fois par jour, pendant 1 à 2 semaines dans les périodes où vous avez besoin de faire revenir la lumière dans votre vie.

PURIFIER LES PERSONNES, LES OBJETS ET LES LIEUX

Fumigation de nettoyage par les 4 Directions Sacrées

La fumigation est un rituel de nettoyage et de purification du corps, de l'esprit et de l'âme. La fumée issue des plantes brûlées peut aussi être utilisée pour purifier les objets, les espaces, les habitats et les événements. La fumigation constitue une part importante des cérémonies amérindiennes qui font intervenir les quatre Éléments. Considérée comme un acte sacré, elle doit être conduite avec révérence et solennité, avec respect, et avec prières de gratitude pour le Créateur.

POURQUOI ET QUAND LE FAIRE ?

Ce rituel de fumigation d'inspiration chamanique peut se faire quand vous en ressentez le besoin ; par exemple, pour purifier physiquement et énergétiquement l'air de votre lieu de vie, mais aussi une personne, un objet ou encore un animal qui vous semble empreint d'énergies négatives et lourdes.

Vous pouvez aussi ressentir le besoin de le pratiquer en cas de surcharge émotionnelle, après le passage d'une personne malade ou négative chez vous, après le passage d'un client si vous êtes thérapeute, après un emménagement, une dispute, une maladie, une convalescence, un décès, une naissance...

Établissez respectueusement vos intentions avant de commencer la cérémonie. Tout au long du rituel, maintenez votre intention présente dans votre conscience et visualisez l'énergie négative se dissoudre et être remplacée par de l'énergie positive.

LA PRÉPARATION

Réunissez les éléments nécessaires en lien avec la Roue de Médecine chamanique.

DES OBJETS REPRÉSENTANT LES ÉLÉMENTS PRIMORDIAUX :

L'AIR (Direction Sacrée Est/Printemps)
1 plume ou 1 éventail de fumigation, symbolisant l'oiseau qui vole dans le ciel.

LE FEU (Direction Sacrée Sud/Été)
1 boîte d'allumettes et 1 bougie ; le Feu est également représenté par l'ignition du végétal choisi pour la direction Nord.

L'EAU (Direction Sacrée Ouest/Automne)
1 coquille d'ormeau (dite aussi abalone), car son milieu de vie est la mer ; placez un peu de terre ou de sable à l'intérieur.

LA TERRE (Direction Sacrée Nord/ Hiver)
1 bâton de sauge blanche ou 1 fragment de palo santo, car ces végétaux ont eu besoin de terre pour pousser.

DES REPRÉSENTATIONS
(IMAGES, PHOTOS, FIGURINES...)
DES ESPRITS ANIMAUX ASSOCIÉS AUX DIRECTIONS SACRÉES

L'AIGLE (Direction Sacrée Est/Printemps)
Il nous enseigne la force et le pouvoir qui proviennent des visions spirituelles.

LE LOUP (Direction Sacrée Sud/Été)
Il nous enseigne le pouvoir de la manifestation.

L'OURS (Direction Sacrée Ouest/Automne)
Il nous apprend à guérir les autres et nous-même.

LE BISON (Direction sacrée Nord/ Hiver)
Il nous enseigne à donner de nous-même pour le plus grand bien de tous.

En plus des 4 Éléments représentés, l'être humain que vous êtes représente le 5e Élément qui les relie et les active.

LE RITUEL

Vous devez être serein(e), dans un moment de quiétude, calme et apaisé(e). Vous pouvez diffuser des chants traditionnels amérindiens en ambiance sonore.

Disposez les éléments autour de vous.

À L'EST,
la plume (ou l'éventail) et l'Aigle.

AU SUD,
la bougie et les allumettes et le Loup.

À L'OUEST,
l'abalone et l'Ours.

AU NORD,
la sauge blanche (ou le palo santo) et le Bison.

Allumez la bougie, reliez-vous mentalement au Feu, à la Direction Sacrée de l'Est et à l'Aigle. Parlez-leur à voix haute en vous présentant à eux.

Procédez ainsi pour chaque Direction Sacrée, son Élément et son Esprit Guide.

Avec une nouvelle allumette, allumez le bâton de sauge ou le palo santo, puis secouez-le légèrement tout en éteignant l'allumette. La flamme doit s'éteindre pour laisser place à une braise qui se consume lentement.

Ne soufflez jamais sur la sauge ou le palo santo pour augmenter la consumation : utilisez la plume ou l'éventail, voire votre autre main. Et ne positionnez pas votre visage directement au-dessus de l'émanation de fumée.

Associez une intention ou un souhait à ce rituel en le formulant à voix haute ou mentalement, par exemple :

« *Je pose l'intention d'accéder à la sérénité.* »

ou bien « *Je souhaite me délester des énergies négatives que je porte.* »

ou « *J'émets le vœu d'attirer à moi l'abondance et la prospérité.* »,

ou encore

« *Je nettoie mon habitat et j'en élève les vibrations.* »

LE NETTOYAGE DES PERSONNES

Commencez par vous-même, en utilisant la plume, l'éventail ou votre main pour diriger la fumée sacrée tout autour de votre corps, de la tête aux pieds et de l'avant vers l'arrière.

Procédez de même pour toute personne présente lors du rituel.

Avec la plume ou l'éventail, dirigez ensuite la fumée vers les 4 Directions Sacrées : l'Est, le Sud, l'Ouest, le Nord, puis à nouveau l'Est.

LE NETTOYAGE D'UN OBJET

Dirigez la fumée tout autour de lui pour l'envelopper.

LE NETTOYAGE D'UN LIEU INTÉRIEUR

Ensuite, si votre rituel a lieu en intérieur, déplacez-vous dans la pièce avec votre bâton de fumigation ou votre fragment de palo santo posé sur l'abalone afin d'en recueillir les cendres. Avec la plume ou l'éventail, dispersez la fumée le long des murs et dans chaque coin.

Votre espace est maintenant prêt pour la prière, la méditation, le travail spirituel, ou sacré ou simplement nettoyé pour accueillir la vie quotidienne.

Il n'est pas nécessaire de brûler l'intégralité du bâton en une fois, sauf si le lieu à nettoyer est vaste.

La fin du rituel

Une fois votre cérémonie en intérieur terminée, ouvrez la fenêtre une quinzaine de minutes pour permettre à la fumée de porter les énergies non désirées vers l'extérieur, où elles se dissiperont dans l'air, mais également pour éviter tout risque d'intoxication ou d'irritation broncho-pulmonaire.

N'oubliez pas de remercier le Créateur, le Grand Esprit ou l'Univers.

Après le rituel

Une fois la fumigation achevée, le bâton de sauge ou le fragment de palo santo va s'éteindre seul ; vous pouvez également écraser la braise dans le sable ou la terre contenu(e) dans l'abalone.

Ne les éteignez jamais avec de l'eau (pour respecter la tradition amérindienne), et ne les laissez jamais se consumer sans surveillance. Assurez-vous qu'ils sont totalement éteints et refroidis ; conservez-les pour les réutiliser ultérieurement.

Si cela vous est possible, retournez les cendres sacrées à la Terre-Mère en les dispersant dans votre (ou un) jardin. Sinon, disposez-les respectueusement dans une poubelle une fois parfaitement refroidies.

CONSACRER SES OUTILS RITUELS

Purification et consécration cérémonielle

Consacrer un outil ou objet rituel permet, d'une part, de le purifier en supprimant toutes les éventuelles énergies négatives associées et, d'autre part, de lui conférer une dimension sacrée vous permettant de travailler du monde physique (votre outil) vers les mondes subtils par leur intermédiaire.

Ces outils peuvent être un pendule, un cristal, une baguette, une amulette, un pentacle, un calice, une couronne ou une robe de rituel… Le rituel proposé ici s'inspire librement de la tradition païenne et de la pratique chamanique.

Au sol, dessinez un cercle d'environ 2 m de diamètre avec du sable fin.

À l'Est, placez un bâton d'encens sur un porte-encens pour l'Élément Air (la fumée), et allumez-le. Au Sud, placez un bol d'eau de source pour l'Élément Eau (ou de l'eau dynamisée pendant une nuit à la lumière de la Pleine Lune). À l'Ouest, installez une bougie allumée pour l'Élément Feu. Au Nord, placez un bol de terre ou de sable, pour l'Élément Terre.

Placez-vous dans ce cercle magique et n'en sortez plus jusqu'à la fin du rituel.

Prenez vos objets en main, et tournez-vous vers l'Est en invoquant le Guide Animal associé : « *Aigle, Gardien de la Direction Sacrée de l'Est et de l'élément Air, je purifie aujourd'hui mon outil par ton Élément, et je le consacre pour le rendre sacré.* » Ce faisant, passez vos outils dans la fumée d'encens.

Tournez-vous vers le Sud en invoquant le Guide Animal associé : « *Loup, Gardien de la Direction Sacrée du Sud et de l'Élément Eau, je purifie aujourd'hui mon outil par ton Élément, et je le consacre pour le rendre sacré.* » Ce faisant, plongez vos outils dans l'eau ou versez de l'eau dessus.

Tournez-vous vers l'Ouest en invoquant le Guide Animal associé : « *Ours, Gardien de la Direction Sacrée de l'Ouest et de l'Élément Feu, je purifie aujourd'hui mon outil par ton Élément, et je le consacre pour le rendre sacré.* » Ce faisant, passez vos outils dans la flamme de la bougie ou, s'ils ne sont pas inflammables, dans la fumée qui s'en dégage (assez loin pour éviter tout risque de départ de feu).

Tournez-vous vers le Nord en invoquant le Guide Animal associé : « *Bison, Gardien de la Direction Sacrée du Nord et de l'Élément Terre, je purifie aujourd'hui mon outil par ton Élément, et je le consacre pour le rendre sacré.* » Ce faisant, enterrez un court instant vos outils dans la terre ou le sable.

Tournez-vous pour finir à nouveau vers l'Est en disant : « *Par l'Air, l'Eau, le Feu et la Terre, avec l'approbation de mes Ancêtres, je libère mes outils de toutes les énergies accumulées jusqu'à présent. Ces outils ainsi consacrés sont désormais intégralement les miens, et prêts pour le travail magique et spirituel. Je remercie les Éléments et les Esprits-guides.* »

Terminez la cérémonie en sortant du cercle magique.

SE CONNECTER AUX ESPRITS DE LA NATURE

Rituel champêtre au tambour chamanique

Pour ce rituel, vous aurez besoin d'un tambour chamanique (ou, à défaut, d'un hochet chamanique), ainsi que d'un accès à une zone extérieure tranquille, si possible en pleine nature.

Une fois que vous serez en place, commencez par établir une protection. En effet, utiliser les outils chamaniques n'est pas anodin !

Installez-vous confortablement, debout ou assis(e), à un endroit où vous vous sentez bien. Fermez les yeux et visualisez autour de vous une grande bulle dorée dont la puissance est capable de repousser tout ce qui pourrait être malintentionné envers vous. Prenez le temps qu'il faudra pour cela.

Lorsque vous sentez que la protection est bien en place, appelez les Esprits de la Nature et dites à voix haute ou pensez : « *Petit Peuple de la Nature, merci de m'accueillir dans ta maison. Honore-moi de ta guidance. Je suis plein(e) de gratitude pour ta présence à mes côtés ici et maintenant.* »

Commencez à jouer de votre instrument en vous laissant guider par les élans de votre Moi intérieur, par l'inspiration de votre âme. Si vous en ressentez le besoin, vous pouvez chanter de façon instinctive — laissez sortir les mots et les notes qui viennent à vous ! — voire des sons, si c'est ce qui vous paraît juste.

Laissez-vous traverser par les énergies qui rayonnent de la nature et les vibrations émanant de notre Terre-Mère. Soyez attentif/ve aux Esprits de la nature environnante qui pourraient vous laisser les voir, et à toute vision qui pourrait s'imposer à vous lors de ce rituel.

À la fin, n'oubliez pas de remercier les Esprits de la Nature et notre Terre-Mère pour ce moment de connexion précieux entre votre âme et la Nature.

TRAVAILLER LES NŒUDS TRANSGÉNÉRATIONNELS

Bougie de travail avec les Femmes de sa lignée

IL VOUS FAUT

25 gouttes d'huile essentielle de camomille noble (pour l'intuition et la clairvoyance)

25 gouttes d'huile essentielle de géranium rosat

(pour la féminité et l'amour)

des fleurs de camomille et de rose séchées

des petits quartz roses de très petit format pour l'amour de soi et des autres)

des fluorites violettes de très petit format (pour la concentration, la clarté mentale et la libération des blocages psychiques)

1 petit contenant en verre

LA PRÉPARATION

Remplissez le contenant en verre de cire naturelle (cire d'abeille ou cire végétale) pour déterminer la quantité à utiliser, puis faites-la fondre au bain-marie, en remuant de temps en temps.

Au fond du contenant, fixez la mèche de votre choix (cirée, tissée ou en bois) avec un peu de cire fondue.

Hors feu, ajoutez les huiles essentielles à la cire fondue. Versez ensuite la cire doucement dans le contenant en laissant dépasser la mèche, puis laissez refroidir.

Une fois la cire presque solidifiée, parsemez sa surface des fleurs et des cristaux.

Par l'alliance de la lithothérapie et de l'aromathérapie, cette bougie permet de travailler sur les traumatismes transgénérationnels vécus par vos ancêtres Femmes, et que celles-ci vous ont involontairement légués.

LE RITUEL

Allumez la bougie, portez-la devant vous en la regardant et représentez-vous votre lien avec vos ancêtres femmes.

Demandez-leur en pensée quels sont les traumatismes que vous portez par transmission transgénérationnelle.

Restez ouverte à toutes les informations qui pourraient surgir dans votre esprit. Notez-les et demandez qui vous les envoie.

Si cela fait sens pour vous, dites « *Ce traumatisme* (NOMMEZ-LE) *n'est pas le mien, moi* (VOTRE PRÉNOM) *je m'en dissocie, et (prénom de votre ancêtre), je t'en libère, va en paix.* »

Avec vos mains, faites venir à vous les émanations de la bougie encore allumée (veillez à ne pas vous brûler) et dispersez-la tout autour de votre tête en insistant sur la bouche, les oreilles, les yeux et le dessus de la tête (chakra couronne).

Vous pouvez laisser la bougie se consumer entièrement ou l'éteindre à la fin du rituel pour la réutiliser plusieurs fois.

ÉLEVER SON ÉNERGIE VIBRATOIRE

Sonothérapie des chakras au bol tibétain

Le bol tibétain, ou bol chantant, est un objet en forme de cloche renversée sans battant, que l'on fait « chanter » en frottant ses parois avec un maillet. Objet de culte sacré utilisé par les chamanes, il a été repris dans le bouddhisme pour ses bienfaits thérapeutiques.

Le bol chantant est composé d'un alliage de 7 métaux nobles, chacun d'entre eux correspondant à un chakra, à une planète et à une note de musique :

LE FER : chakra racine / Mars / *do*
L'ARGENT : chakra sacré / Lune / *ré*
L'OR : chakra du plexus solaire / Soleil / *mi*
LE CUIVRE : chakra du cœur / Vénus / *fa*
LE MERCURE : chakra de la gorge / Mercure/ *sol*
L'ÉTAIN : chakra du 3e œil / Jupiter / *la*
LE PLOMB : chakra coronal / Saturne / *si*

LE SON DU BOL

Il permet de rééquilibrer les chakras, de nous recentrer, d'améliorer notre bien-être et de nous élever lors des séances de méditation. Il peut purifier les lieux (les cloches le font également).

Les bols de taille moyenne ont un son moyennement aigu qui permet le recentrage et l'apaisement, tandis que les bols de grande taille peuvent réaliser, en sonothérapie, un massage complet du corps par leur vibration longue et profonde.

Les bols plus petits émettent des sons plus aigus, à meilleur taux vibratoire, et sont donc plutôt adaptés à la méditation et au nettoyage des lieux.

SI VOUS POSSÉDEZ UN SEUL BOL

Qu'il soit de taille moyenne ou grande, utilisez ce bol pour tous les chakras. Sa signature sonore correspond à un ensemble de notes et aura une action sur l'ensemble des chakras, quoique moins fine ; en effet, d'après l'approche traditionnelle himalayenne, les chakras sont associés à des notes différentes de celles décrites ci-dessus.

SI VOUS POSSÉDEZ PLUSIEURS BOLS

Choisissez-les selon leur note principale, en lien avec le chakra correspondant (celui qui émet un *do* pour le chakra racine, celui qui émet un *fa* pour le chakra du cœur...).

Si vous ne savez pas à quelle note correspondent vos bols, utilisez ceux dont la vibration est la plus grave pour les chakras du bas du corps, et ceux dont la vibration est la plus haute pour les chakras du haut du corps.

Pour ce rituel, vous pourrez utiliser des bols de taille moyenne ou grande. Chaque bol émet une note principale (et des notes secondaires appelées harmoniques), travaillant sur un chakra précis, en lien avec cette note.

Déroulez un tapis de yoga sur le sol, dans une pièce agréable et calme, avec une lumière tamisée. Diffusez de l'huile essentielle d'encens oliban ou de myrrhe.

Commencez par le chakra racine : posez le bol entre vos jambes, sous la zone génitale, puis allongez-vous et faites-le sonner en frappant avec votre maillet comme s'il s'agissait d'un gong, et profitez de sa vibration jusqu'à la fin.

Continuez avec chaque chakra en procédant de même, en posant le bol sur le côté de votre corps, en regard du chakra suivant, et en alternant les côtés (gauche, droite, gauche, etc.) jusqu'à finir au chakra coronal.

Recommencez au chakra racine, cette fois en faisant chanter le bol par frottement lent du maillet contre le rebord extérieur du bol ; pour plus d'ergonomie, faites-le d'abord chanter en position assise, puis couchez-vous et profitez de sa vibration jusqu'à la fin.

Continuez avec chaque chakra en procédant de même, en posant le bol sur le côté de votre corps, en regard du chakra suivant, et en alternant les côtés (gauche, droite, gauche, etc.) jusqu'à finir au chakra coronal.

Remerciez-vous pour ce cadeau sonore qui élève les vibrations de vos corps !

Rituel de lumière à l'angélique et à l'angélite

LA PRÉPARATION

Tout d'abord, sur un calendrier angélique, identifiez votre ange gardien (il en existe 72) en fonction de votre date de naissance. Par exemple, **Vehuiah** si vous êtes né(e) entre le 21 mars et le 25 mars ; **Haziel** si vous êtes né(e) entre le 1er mai et le 5 mai, ou encore **Lanoiah** si vous êtes né(e) entre le 11 juin et le 15 juin.

Vous pouvez invoquer votre ange de naissance ou un ange en fonction de ses attributs.

Chaque ange symbolise quelque chose en particulier ; par exemple, **Nemamiah** symbolise la prospérité et l'évolution. **Cahetel** est l'ange du foyer qui bénit le lieu d'habitation par l'intermédiaire de la Mère qui tient un rôle protecteur.

Vous pouvez aussi invoquer un archange dont vous souhaitez le soutien et la protection.

Par exemple, **saint Michel** (ou **Michaël)**, archange de la transformation et de la transmutation, nous aide à comprendre et à accomplir les étapes de la vie. Il nous protège contre les influences spirituelles néfastes et en cas de toute situation de danger ou de combat.

Saint Gabriel, archange de la communication, nous apporte le message divin ; on l'invoque pour trouver l'inspiration et recevoir la compréhension de ce qui émane des mondes subtils.

Saint Raphaël, archange de la guérison divine, patron des guérisseurs, est appelé lorsque l'on demande de l'assistance pour guérir les maladies de nos âmes et de nos corps.

IL VOUS FAUT

1 goutte d'huile essentielle de racine d'angélique

2 gouttes d'huile végétale

4 gouttes d'élixir floral d'angélique

1 bougie dorée

1 angélite ou 1 célestine

LE RITUEL

Soyez sincère en votre cœur.

Allumez une bougie dorée (symbolisant la protection divine) devant vous.

Diluez l'huile essentielle d'angélique dans l'huile végétale et gardez le mélange près de vous.

Diluez l'élixir floral d'angélique dans un peu d'eau et buvez cérémonieusement en fixant la flamme de la bougie.

Avec l'huile sacrée préparée, onctionnez (massez doucement en cercles) vos chakras de la gorge, du 3e œil et coronal.

Prenez ensuite l'angélite ou la célestine dans votre main. Posez-la successivement sur chaque chakra en continuant à la tenir dans votre main, et en regardant la flamme de la bougie.

Pour finir, prenez-la dans le creux de vos deux mains réunies en geste de prière et invoquez vos anges, toujours en regardant la bougie, par exemple : « *Nemamiah, ange de la prospérité et de l'évolution, Raphaël, archange de la guérison divine, je vous demande assistance aujourd'hui pour m'aider à guérir mes blessures de l'âme et à continuer à évoluer spirituellement. Bénissez-moi et soutenez-moi dans mon parcours terrestre.* »

Dites cela 3 fois en tout.

Dites ensuite 3 fois « *C'est accompli.* »

Dites enfin 3 fois « *Merci* ».

L'ANGÉLITE est une pierre qui apaise les états émotionnels pénibles et les conflits. Elle amène une aura de protection autour du corps physique et des corps subtils de celui ou celle qui la porte.

LA CÉLESTINE (OU CÉLESTITE) est un cristal qui aide à exprimer qui nous sommes vraiment. Elle nettoie les différentes couches de l'aura de ses impuretés et diminue le sentiment de solitude.

Pendant que vous fixez la flamme de la bougie, restez attentif(ve) à ce qui pourrait se matérialiser dans votre vision périphérique...

Index des rituels

par ordre alphabétique

A
Amulette de protection, 28
Amulette de protection, 102
Amulette de protection d'Horus contre le négatif, 19
Amulette de protection spéciale enfants, 32
Amulette pour attirer l'amour et la fertilité, 34
Amulette pour les voyages dans l'invisible, 29
Attraction et amplification psychique, 42
Augmentation des pouvoirs magiques, 49
Autel de protection, 34

B
Baguette de divination et oracle dédié à l'amour, 49
Bain d'amour, 42
Bain d'élévation spirituelle, 119
Bain d'énergie de la Déesse, 17
Bain de la forêt, 121
Bain de la mer, 120
Bain de prospérité, 116
Bain de protection, 112
Bain de purification, 34
Bain de purification et de relaxation, 22
Bain de régénération, 115
Bain de vapeur respiratoire, 61
Bain du désir, 113
Bain et potion du désir, 43
Bain nettoyant, 114
Bain pour l'amour de soi, 116
Bain pour rêver, 118
Bain rituel de purification d'inspiration japonaise, 122
Bain rituel pour soi-même, 39
Bain rituel relaxant, 18
Bâton de fumigation pour le courage, 31
Bâton de fumigation de Féminité sacrée, 126
Baume aux obsidiennes, 21
Baume d'ouverture du 3e œil, 64
Bénédiction des esprits défunts, 20
Boisson sacrée cérémoniale, 43
Bougie « grand amour », 157
Bougie d'équilibrage yin & yang, 134
Bougie de travail avec les Femmes de sa lignée, 176
Bouquet pour les rêves et la divination, 34
Bouquet protecteur purifié au Feu de joie, 28
Bouquets de protection, 17
Bouquets de protection, 20
Breuvage de clairvoyance, 26
Brin frais pour la mémoire, 37
Brins fleuris pour les voyages astraux et chamaniques, 25
Brume aromatique « plénitude méditative », 150
Brume aromatique d'oreiller et cristaux, 156
Brume aromatique de stimulation créative, 103
Brume émotionnelle laurier noble et fluorite, 146
Brume sacrée de méditation et de connexion aux mondes subtils, 68
Brume sacrée pour l'intuition et le succès, 40
Brume sacrée pour les rêves lucides, 25
Brume sacrée pour lutter contre les peurs, 25

C
Célébration de Féminité sacrée, 129
Célébration de la générosité de Gaïa, 130
Chance et prospérité, 43
Collier d'éveil spirituel, 100
Consécration d'outils de divination, 21
Couronne de Midsommar, 133

D

Diffusion « force et courage », 69
Diffusion d'abondance et prospérité, 48
Diffusion pour faire son deuil, 62
Diffusion pour la compréhension et la communication, 18
Dispersion pour appeler la joie, 29
Dispersion protectrice, 22
Douche anti-énergies négatives, 50
Douche de lune, 88
Dynamisation du romarin à la géode de cristal de roche, 36

E

Eau d'amour, 94
Eau de parfum sacrée, 132
Eau florale de jasmin lunarisée, 52
Écriture pour la réalisation des intentions, 26
Écriture végétale pour réaliser un souhait, 49
Élixir d'améthyste, 95
Élixir d'angélite, 99
Élixir d'azurite, 98
Élixir d'obsidienne noire, 104
Élixir d'œil-de-tigre, 93
Élixir de citrine, 89
Élixir de cornaline, 90
Élixir de cristal de roche, 86
Élixir de fluorite, 96
Élixir de jaspe rouge, 92
Élixir de labradorite, 101
Élixir de lapis-lazuli, 97
Élixir de malachite, 102
Élixir de pierre de lune, 88
Élixir de pyrite, 106
Élixir de quartz rose, 94
Élixir de sélénite, 87
Élixir de serpentine, 103
Élixir pétillant aux fleurs de Brocéliande, 162
Élixir précieux à la rose appliqué au gua sha, 39
Emménagement, 60
Encens des Rois mages, 65

F

Feu et énergie, 45
Feuilles pour le sommeil, 27
Friction de prospérité, 27
Fumigation cérémoniale, 54
Fumigation contre la magie noire, 48
Fumigation contre les énergies négatives et l'anxiété, 62
Fumigation contre les énergies négatives stagnantes, 65
Fumigation d'armoise et sauge officinale, huile sacrée de l'Himalaya, 160
Fumigation de bois de santal, 68
Fumigation de divination, 28
Fumigation de guérison, 31
Fumigation de guérison et de convalescence, 60
Fumigation de nettoyage d'une personne ou d'un lieu, 54
Fumigation de nettoyage des objets rituels, 54
Fumigation de nettoyage et de purification, 37
Fumigation de nettoyage et protection, 42
Fumigation de protection, 64
Fumigation de protection contre les entités malfaisantes, 46
Fumigation de purification, 60
Fumigation de purification, 95
Fumigation de sacralisation d'un lieu, 62
Fumigation dynamisante, 91

Fumigation extrasensorielle, 64
Fumigation extrasensorielle d'élévation spirituelle, 66
Fumigation pour amener les vibrations positives après un nettoyage, 56
Fumigation pour l'amour, 61
Fumigation pour l'expansion de la conscience, 58
Fumigation pour la clarté mentale, 50
Fumigation pour remplacer les énergies négatives par les vibrations positives, 58
Fumigation pour repousser les ennemis et le mal, 50
Fumigation purificatrice de la maison, 40
Fumigation synergique ultrapuissante, 154

G -H

Gel douche « joie d'enfant », 145
Guidance par les rêves, 99
Huile « contact avec les Anges », 148
Huile « soleil intérieur », 142
Huile d'énergisation de l'aura « tigritude du tigre », 143
Huile d'enracinement au cèdre de l'Atlas, 139
Huile de beauté pour le buste et la réduction des rides, 33
Huile harmonisante du Féminin sacré, 128
Huile lunarisée du Masculin sacré, 140
Huile lunarisée tonifiante et harmonisante, 140
Huile rayonnante de présence féminine, 141

I

Infusette pour bain de protection, 36
Infusion « clairvoyance », 149
Infusion d'évolution spirituelle, 32
Infusion de nettoyage et programmation des cristaux, 25
Infusion de renforcement, 28
Infusion druidique aux épices et fruits séchés, 167
Infusion et poudre contre la négativité, 31
Infusion sacrée d'amour et de prospérité, 27

J-K-L

Joie angélique, 43
Lait corporel d'amour envoûtant, 144

M

Macérat huileux solarisé au calendula, 21
Massage « coup de fouet », 90
Médecine de la Rose pour l'Amour, 39
Méditation d'ancrage, 66
Méditation d'harmonisation, 85
Méditation de connexion à son intuition, 98
Méditation des 3 cristaux et 3 chakras, 87
Mini-bouquets de joie et sécurité, 32

N

Nettoyage de vos outils spirituels, 57
Nettoyage des objets rituels, 44
Nettoyage des sols à l'infusion sacrée, 37
Nettoyage énergétique d'entretien, 69
Nettoyage et élévation vibratoire d'un logement, 40

O

Offrande au Divin, 61
Olfactothérapie pour se fondre dans l'Énergie universelle, 151
Onguent fleuri pour inviter la réussite dans sa vie, 132
Ouverture des perceptions extrasensorielles, 97

P

Pesto de Feu et d'abondance, 18
Philtre de passion amoureuse, 45
Pincées pour la communication heureuse, 29

Plantation bienfaisante et protectrice, 48
Plantation d'abondance, 40
Plantation protectrice, 29
Pot-pourri de protection, 42
Pot-pourri et sachet-médecine « force intérieure », 158
Poudre de prospérité, 45
Poudre de sensualité, 31
Poupée de guérison et sachets de protection, 50
Pratique du voyage chamanique, 106
Protection, 93
Protection de la maison, 36
Protection et guérison, 68

R

Remplir son aura de lumière, 89
Rituel champêtre au tambour chamanique, 174
Rituel dans les bois avec le petit peuple de la forêt, 47
Rituel de lumière à l'angélique et à l'angélite, 180
Rituel de Pleine Lune, 56
Rituel de prière, 66
Rituel de protection des thérapeutes, 101
Rituel purifiant des lunes aux vapeurs de persil, sauge et origan, 35
Rituels, cérémonies et prières, 60
Roll-on de protection et de justice, 21

S

Sachet d'abondance, 31
Sachet-médecine « bonheur et protection », 21
Sachet-médecine pour l'intuition, 40
Sachet-médecine « souvenir des rêves », 103
Sachet-médecine contre les cauchemars, 36
Sachet-médecine contre les énergies négatives, 44
Sachet-médecine et amulette pour l'amour physique, 48
Sachet-médecine pour augmenter la conscience des rêves, 32
Sachets d'ancrage et de sérénité, 138
Savon pour l'harmonie charnelle (sans saponification), 31
Soin de Gaïa pour les travailleurs de Lumière, 89
Sonothérapie des chakras au bol tibétain, 178
Souplesse mentale par le foin d'odeur, 57
Spell jar « chasse-diable », 165
Spell jar de prospérité, 65
Spell jar de séparation, 164
Stabilisation de l'aura, 96
Stick « inspiration », 147

T

Thé de connexion au Divin, 53
Tresse de méditation, 56

V

Vin médicinal « chasse-diable » au millepertuis, 167
Vitalisation et purification, 44

CRÉDITS PHOTOGRAPHIQUES

pp. 8-9 © liga_sveta ; p. 10 © FamStudio ; p. 11 © Vicuschka ; p. 13 © unpict ; pp. 14-15 © Ta-nia Peresadko ; p. 16 © vo_studio ; p. 18 © Anucha Tiemsom ; p. 19 © Yogendra Kumar bha-nu ; pp. 20-21 © anastasiia agafonova ; p. 22 © Lana Veshta ; p.23 © SherSor ; p. 24 © Svitlyk ; pp. 26-27 © Ilia Nesolenyi ; p. 28 © natalia bulatova ; p. 29 © Lana Veshta ; pp. 30-31 © Li-patova Maryna ; p. 32 © natalia bulatova ; p. 33 © catalina.m ; pp. 34-35 © Olesya Baron ; pp. 36-41 © dashtik ; p. 38 © Africa Studio ; p. 39 © Flaffy ; p. 41 © FotoHelin ; p. 42 © Indian Food Images ; p.43 © Kolpakova Svetlana ; pp. 44-45 © Anastasia Klevakova ; pp. 46-47 © Hills Outdoors ; pp. 48-49 © Anucha Tiemsom ; p. 51 © AnastasiaNess ; p. 52 © elina.nova ; p. 55 © allme ; p. 57 © Petr Sidorov NX ; p. 58 © jakkapan ; p. 59 © monkographic ; pp. 60-61 © Eugeniusz Dudzinski ; p. 62 © Olesya_sh ; p.63 © vetre ; p.64-65 © Lana Veshta ; p. 67 © Elena Schweitzer ; pp. 68-69 © Anucha Tiemsom ; pp. 70-71 © Monika Wisniewska ; p. 73 © ju_see ; p. 74 © Anna Martyanova ; p. 76 © Edalin Photography ; pp. 78-79 © petitenao ; p. 80 © CreativeFireSt ; p. 81 © FotoHelin ; pp. 82-83 © ju_see ; pp. 108-109 © Natalia Laurel ; p. 110 © Olena Rudo ; p. 111 © Anucha Tiemsom ; pp. 114-115 © Olena Ivanova ; p. 117 © Ary-lanna ; pp. 118-119 © CoralAntlerCreative ; p. 120 © korkeng ; p. 121 © Maya Kruchankova ; pp. 122-123 © Rock and Wasp ; pp. 124-125 © Africa Studio ; p. 127 © Sentelia ; ; p. 129 © symbiot ; p. 130 © Rasa Arlauskiene ; p. 131 © Stakhov Yuriy ; pp. 132-133 © ju_see ; pp. 135 © Miriam Cerezo ; pp. 136-137 © Ground Picture ; p. 138 © oixxo ; p. 139 © Lee Charlie ; pp. 140-141 © Vera Prokho-rova ; pp. 142-143 © Creative Family ; p. 144 © Flaffy ; p. 145 © Anucha Tiemsom ; p. 146 © Pixel-Shot ; p. 147 © Flaffy ; p. 148 © Anna Chinaroglu ; p. 149 © Anna Bogush ; pp. 150-151 © Nichcha ; pp. 152-153 © Pinkasevich ; pp. 154-155 ©Lee Charlie ; p. 155 Miriam Cerezo ; p. 157 © Shebeko ; p. 159 © Nichcha ; p. 159 © natalia bulatova ; pp. 160-161© Microgen ; p. 162-163 © Maya Kruchankova ; p. 164 © ju_see ; p. 165 © FotoHelin ; p. 166 © Maya Kruchankova ; p. 167 © jakkapan ; pp. 168-169 © Ground Picture ; p. 170 © Netrun78 ; p. 175 © Microgen ; p. 172-173 © Jozef Klopacka ; pp. 174-175 © Jozef Klopacka ; pp. 176-177 © Prisca Laguna ; pp. 178-179 © MS Mikel ; p. 180-182 © Ironika.

© BlueMatcha : couverture, 2, 84-85, 86-87, 88-89, 90-91, 92-93, 94-95, 96-97, 98-99, 100-101, 102-103, 104-105, 106, 107 et garde arrière.

Les actions des plantes, notamment de leurs huiles essentielles, sont puissantes : usez-les toujours avec précaution et vigilance. Privilégiez les huiles essentielles issues de l'agriculture biologique pour diminuer le risque de contamination avec des pesticides. N'augmentez pas les dosages suggérés et tenez toujours compte de vos antécédents médicaux et de votre état de santé à l'instant T (notamment en cas de grossesse ou en cas de trouble médical ponctuel ou chronique).

Les personnes souffrant d'allergies doivent être particulièrement prudentes, car certaines huiles essentielles contiennent des molécules allergisantes. Dans tous les cas, effectuez toujours un test préalable dans le creux du coude en vue d' une utilisation cutanée.

Certains cristaux sont également toxiques en cas de prise orale sous forme d'eau de gemme ou d'élixir. Assurez-vous donc toujours de la non-toxicité de la pierre au moment de son achat ou de son utilisation sous cette forme.

Les recettes et indications données dans ce livre le sont à titre informatif et ne se substituent pas au diagnostic d'un médecin ou à une prescription médicale. Elles ne sauraient engager une quelconque responsabilité de l'auteur ni de l'éditeur lors de leur mise en pratique par le lecteur ni en cas d'interprétation erronée de sa part.

Direction de publication : Didier Ballot
Direction éditoriale : Marie Roussos
Édition : Kelian Fageon
Direction d'ouvrage : Agnès Busière
Création graphique, direction iconographique, réalisation éditoriale : BlueMatcha
Fabrication : Mazarine Networks, Yann Le Berre
Achevé d'imprimer en octobre 2022 en UE
Dépôt légal : octobre 2022
ISBN : 978-2-38355-130-0